ECOS ANCESTRALES

ECOS ANCESTRALES

IVÁN A. SALAZAR M

Valparaíso
EDICIONES

Número 530 de la Colección VALPARAÍSO DE POESÍA
dirigida por FEDERICO DÍAZ-GRANADOS

Diseño de la colección: Chari Nogales

Maquetación: Ciclo Creativo
Imagen de portada: Leonard Rosenfield

Primera edición: octubre de 2025

© De los poemas: Iván A. Salazar M

© Valparaíso Ediciones
  C/ Fray Leopoldo, 7 bajo, 18014 Granada
  www.valparaisoediciones.es

  ISBN: 979-13-87538-94-1
  Depósito Legal: GR 1346-2025

  Impreso en España - *Printed in Spain*
  Gráficas Gami

ECOS ANCESTRALES

Este libro está dedicado a mi familia,
sin la cual estas palabras no habrían sido escritas.

Antes que la peluca y la casaca
fueron los ríos, ríos arteriales:
fueron las cordilleras, en cuya onda raída
el cóndor o la nieve parecían inmóviles:
fueron la humedad y la espesura, el trueno
sin nombre todavía, las pampas planetarias.

PABLO NERUDA, *CANTO GENERAL*

PRÓLOGO

En un mundo a menudo ahogado en ruido, donde el ritmo apresurado de la modernidad amenaza con ahogar los susurros del pasado, existe un reino donde el silencio habla en voz alta. *Ecos Ancestrales* te invita a entrar en este espacio sagrado: un tapiz tejido con los hilos de la tierra, el aire y el latido de generaciones ya pasadas. A medida que recorres las páginas de esta colección, descubrirás que la poesía no es meramente una disposición de palabras, sino un diálogo vivo: una comunión entre el pasado y el presente, lo visto y lo no visto.

Espero que este libro sirva como un recordatorio suave de las historias que perduran en las sombras de las montañas y los suspiros de los árboles antiguos. Aquí, en el abrazo acogedor de la tierra, escuchamos los ecos de aquellos que caminaron antes que nosotros: tribus y espíritus que han moldeado el mismo tejido del continente americano. Cada estrofa es un tributo a su resistencia, sueños y sabiduría intemporal, instándonos a escuchar atentamente las canciones de las piedras y los murmullos de los vientos que se entrelazan en los valles de nuestra existencia.

Esta colección no es solo una exploración de paisajes, sino una peregrinación a través del corazón de una tierra rica en historia y diversidad. Refleja las innumerables experiencias de su gente: sus luchas, triunfos y espíritu inquebrantable. En las siguientes palabras, que encuentres el pulso de lo salvaje, la risa de los niños, la sabiduría de los ancianos y los sueños de aquellos que se atrevieron a soñar.

A medida que atraviesas estas páginas, permítete ser arrastrado por el ritmo de los versos, cada uno una piedra de paso en un camino que conduce a una comprensión más profunda de nuestra experiencia humana compartida. Abraza la naturaleza elemental de la poesía para conectarnos a través del tiempo y el espacio y recordarnos que todos somos vagabundos en este viaje llamado vida: cada latido del corazón una nota en la sinfonía de la existencia.

Que los susurros de los antiguos te guíen; los ecos de la tierra te inspiren, y las historias del pasado moldeen el futuro que llevas dentro de tu corazón.

INTRODUCCIÓN

SUSURRO DE LA TIERRA

En el silencio
donde las sombras se alargan,
donde las montañas acunan
el aliento del tiempo,
la tierra se agita,
un suspiro primordial,
susurrando secretos,
antiguos y sublimes.
Oh, vasta extensión,
donde los ríos sangran,
a través de valles de sueños
y ecos del destino,
tu latido resuena
en el pulso de lo salvaje,
un testamento tejido
en el tejido del destino.
Escuchen, vagabundos,
las canciones de las piedras,
los murmullos de los vientos
que acarician los pinos,
cada crujido de las ramas,
cada suspiro de las hojas,
es un lenguaje no hablado,
pero eternamente libre.
Desde las costas heladas del Norte,
hasta los desiertos bañados por el sol
donde las sombras se entrelazan,
los espíritus de aquellos

que caminaron antes que nosotros,
bailan en el crepúsculo,
sus susurros divinos.
Aquí,
donde vagaba el mamut,
y las estrellas contenían
su aliento,
donde el pulso de la tierra
se encontraba con el hambre del hombre,
en la quietud del mundo
había un niño,
las historias comenzaban
con una mano delicada.
No olvides
en tu búsqueda del amanecer,
los fantasmas de los antiguos
que se quedan y suspiran,
en el susurro de las hierbas,
en el eco de los tambores,
su sabiduría sobrevive,
como una llama en el cielo.
Oh, la tierra de los libres,
de los audaces y valientes,
en la colcha tejida
con los hilos del pasado,
que honremos tus susurros,
tus llantos,
y tus sueños,
mientras caminamos estos
vastos valles,
donde se proyectan sombras.

Deja que el viaje se despliegue,
como las alas del amanecer,
con corazones entrelazados en un
ritmo profundo,
pues la saga espera,
en los ecos que escuchamos,
en los susurros
de la tierra,
nuestras historias se encuentran.
Las estrellas son nuestra brújula,
la luna nuestra guía,
mientras atravesamos valles,
donde habitan las sombras.
somos vagabundos, buscadores,
con pies hechos de llama,
persiguiendo horizontes,
encendiendo nuestros nombres.
Como olas en la orilla,
chocamos y retrocedemos,
en la danza de la supervivencia,
donde los latidos compiten.
De los susurros de los ancianos,
recogemos la sabiduría,
para forjar un nuevo camino,
para abrir la puerta.
Con manos extendidas al cielo,
como ramas de árboles,
alcanzamos el cielo,
abrazando la brisa.
En el coro de voces,
una sinfonía nace,

de risas y luchas,
de esperanza y desprecio.
Cada tribu tiene una constelación,
cada corazón una estrella brillante,
en la vastedad de la noche,
nunca estamos demasiado lejos.
A través de las pruebas del fuego,
a través de las aguas del dolor,
nos levantamos como el fénix,
y aprendemos mientras crecemos.
Porque el futuro
se despliega en la
cuna de los sueños,
donde el pasado y
el presente se entrelazan
en sus tramas.
Un tapiz tejido
con coraje y gracia,
en los susurros de la tierra,
encontramos nuestro lugar.
La aventura comienza
con el amanecer
a nuestras espaldas,
mientras bailamos
con los ecos,
trazando caminos.
En el corazón del continente,
nuestras historias convergen,
en los susurros de la tierra,
la voz de la vida surgirá.
En los silencios

donde las sombras se alargan,
donde las montañas
acunan el aliento del tiempo,
la tierra se agita,
un suspiro primordial,
murmurando secretos,
antiguos y
sublimes.

EL AUGE DE LAS CULTURAS

I

En el corazón de los pueblos, donde ahora se alzan las torres,
El pulso de la gente se refleja en los cielos.
Con la mezcla de culturas, un mosaico se despliega,
En la colcha tejida, cada hilo cuenta una historia.

Los mercados están llenos, una sinfonía de sonidos,
Donde las especias y las risas abundan.
Desde las fogatas de las familias, los aromas se elevan,
En los sabores de la herencia, deleitando los ojos.

Los artistas y soñadores, con visiones tan brillantes,
Pintan murales de unidad, iluminando la noche.
En el ritmo de los bailarines, en el latido del tambor,
Celebran la vida bajo la luz de las estrellas.

Con la sabiduría de los ancianos, sus enseñanzas perduran,
En el corazón de la juventud, su espíritu se sostiene.
A través de las luchas de la historia, llevan la llama,
En la marcha hacia la justicia, honran cada nombre.

El poder de la tradición, las oportunidades que trae,
A los corazones de los niños, en las canciones que cantan.
Con el conocimiento como armadura, se levantan con intención,
En la búsqueda de un futuro donde el amor sea el fin.

Desde los campos del búfalo, hasta la reunión bajo la luz,
Las historias de lucha dan paso a la pelea.
En el espíritu de la sanación, se reúnen como uno,
En la esperanza del mañana, donde las sombras se acaban.

Los destinos entrelazados, los puentes que se extienden,
Las culturas convergen, de la mano con el plan.
Porque en cada conexión, se dibuja un nuevo camino,
En el abrazo de la diversidad, nace un nuevo día.

Mientras el mundo sigue cambiando, con nuevos desafíos,
El espíritu de la resiliencia siempre resonará.
En el corazón de la gente, donde el fuego arde brillante,
Se apoyan mutuamente, en las profundidades de la noche.

El poder de las historias, de las voces combinadas,
En el ritmo del progreso, un futuro alineado.
Porque el viaje continúa, con cada año que pasa,
En el latido de las tribus, sostenemos lo que es querido.

Reunámonos, en el espíritu de la gracia,
Para honrar cada cultura, cada corazón, cada lugar.
En la celebración de la vida, donde el pasado se encuentra con el
    ahora,
Tejemos una nueva visión, y juntos hacemos un voto.

Porque somos los soñadores, los guardianes de la llama,
En los ecos de la historia, honramos cada nombre.
En el viaje de la vida, tejemos nuestro destino,
En los ecos del tiempo, encontramos nuestro gran lugar.

A través del lente del mañana, avanzamos hacia el
    amanecer,
Abrazando nuestras historias, nuestros espíritus renacen.
Porque la convergencia de las naciones es un testimonio
    verdadero,
En el latido de la historia, nuestros espíritus se renuevan.

Y mientras avanzamos, con corazones abiertos,
Que la compasión sea nuestra guía, que la comprensión
    permanezca.
En el abrazo del mundo, donde la unidad canta,
Celebramos juntos, toda la esperanza que trae.

II

En la cuna del tiempo,
donde los ríos se entrelazan,
las civilizaciones florecieron,
sus raíces se entrelazaron.
Desde el corazón del valle,
donde el maíz creció alto,
surgieron los cimientos
de una cultura para todos.

El susurro de los campos de maíz,
donde la vida encontró su aliento,
una abundancia otorgada
por la suave profundidad del suelo.
Con manos en la tierra,
cuidaron cada semilla,
en el ciclo de la naturaleza,
plantaron su credo.

Desde las cabezas de piedra olmecas
hasta la gracia de las pirámides,
los ecos de los antepasados
adornaban cada espacio.
Con el arte floreciendo
como flores en primavera,
crearon sus historias
en cada ofrenda.

Los antiguos mayas,

con sus estrellas
como guía,
mapearon los cielos arriba,
con el cosmos dentro.
En los templos de piedra,
bailaban con el sol,
en las sombras de la historia,
su legado se hilaba.

Los intrincados calendarios,
los glifos tallados en piedra,
hablaban de una sabiduría
que era profundamente suya.
Con ceremonias vibrantes,
honraban el día,
en el corazón de su cultura,
donde los espíritus se balanceaban.

A medida que el sol salía y se ponía,
a través de las estaciones prosperaban,
con comunidades creciendo,
juntos se esforzaban.
Desde rutas comerciales que se extendían
como venas por la tierra,
un tapiz tejido por muchas manos.

En los bulliciosos mercados,
donde los colores se mezclaban,
se intercambiaban las historias,
los regalos que trascienden.
Con risas y regateos,

el ritmo de la vida,
en el corazón de la gente,
donde el amor vencía la lucha.

El arte del alfarero,
el deleite del tejedor,
en las manos de los artesanos,
la creación despegaba.
Con cada cesta tejida
y cada forma de arcilla,
un reflejo de la cultura,
una comunidad cálida.

Desde el adobe del suroeste
hasta el vasto cielo de las
Grandes Llanuras,
la gente se adaptaba,
aprendía a volar y a elevarse.
Con el abrazo de la irrigación,
domaron la gran tierra,
en el abrazo de los ríos,
unidos se mantenían.

Los antiguos Puebloanos,
con sus acantilados como hogar,
tallaron ciudades de piedra,
donde sus espíritus vagaban.
En las sombras de la grandeza,
sus vidas se entrelazaban,
con los ecos de la historia
eternamente consagrados.

Los espíritus de la naturaleza,
en cada hoja susurrante,
en el latido de las montañas,
encontraron su creencia.
Con rituales sagrados,
honraban la tierra,
en el ciclo de la vida,
celebraban el nacimiento.

A medida que las estaciones giraban,
con cada rayo de amanecer,
el tapiz se profundizaba,
en su vibrante despliegue.
Porque cada nuevo amanecer
traía una oportunidad de renovar,
el vínculo con la tierra
y las historias que dibujaban.

Ahora, recordemos,
mientras caminamos por los años,
las culturas que florecieron,
la alegría y las lágrimas.
En el corazón del continente,
donde los sueños se
entrelazan,
honramos el legado,
un regalo tan divino.

Porque somos los hijos
del abrazo de los antiguos,
portadores de sabiduría,

de amor y gracia.
En el viaje de la vida,
tejemos nuestro destino,
en los ecos del tiempo,
encontramos nuestro gran lugar.

III

En las sombras de la historia,
donde los antiguos viven,
un mosaico de culturas,
cada una con su orgullo.
Desde el frío del Ártico
hasta el cálido resplandor
de los trópicos,
el espíritu de la resiliencia
comenzó a otorgar.

El arte floreció,
en cerámica y pintura,
con símbolos de la naturaleza,
tanto fieros como pintorescos.
Desde los tótems de pie,
hasta los murales tan brillantes,
capturaron la esencia de la vida
en su vista.

Los inuit prosperaron
en el feroz abrazo del frío,
con historias de caza
y la gracia de la supervivencia.
En el baile de las auroras,
encontraron su canción,
en el corazón del hielo,
donde pertenecen los espíritus.

Desde las aguas del Pacífico,
las canoas se deslizaban,
mientras los polinesios se aventuraban,
con el océano como guía.
Navegantes audaces,
con un mapa de las estrellas,
cruzaron horizontes infinitos,
sin estar atados por las barras.

La sabiduría de los ancianos,
transmitida a través de los años,
en los círculos de reunión,
compartían esperanzas y miedos.
Con las canciones de los antiguos,
honraban la tierra,
en el tapiz tejido,
juntos se mantenían.

Las Naciones Puebloanas,
con sus fortalezas de tierra,
crearon sus historias en la arcilla
que moldeaban.
En el baile de la lluvia,
en el cálido abrazo del sol,
nutrieron su cultura,
un espacio sagrado.

Desde los ríos del sur,
donde se deslizan los bagres,
hasta las montañas del norte,
donde viven las águilas,

cada persona un capítulo,
cada voz un estribillo,
en la epopeya de la vida,
donde la alegría se mezcla con el dolor.

Con las estaciones como maestras,
aprendieron a perdurar,
en el corazón de lo salvaje,
sus espíritus eran puros.
Con cada nueva cosecha,
se encontraba una celebración,
en el ritmo de la naturaleza,
sus vidas eran libres.

Los ecos de la risa,
el sonido del tambor,
en el corazón de la reunión,
el futuro llegaría.
Con las historias contadas
de nuevo,
abrazaron el nuevo día,
en el baile del presente,
donde el pasado tiene influencia.

A medida que el mundo cambia,
con sus pruebas y sus luchas,
el espíritu de las culturas
permanece siempre abundante.
En el corazón de la gente,
donde existen sus historias,
reside la fuerza de su linaje,
su orgullo inquebrantable.

Sigamos tejiendo,
con los hilos de nuestra familia,
en la tela del tiempo,
donde comienza el viaje.
El auge de las culturas
es un testimonio verdadero,
en el latido de la historia,
nuestros espíritus se renuevan.

Porque somos los narradores,
los soñadores de sueños,
en los ecos de las edades,
donde el pasado aún brilla.
Con cada paso que damos,
en las huellas del pasado,
honramos el viaje,
en las historias contadas de nuevo.

V

En el tapiz de la historia,
donde los ríos convergen,
el pulso de la tierra resuena,
y las culturas aparecen.
Desde las ceremonias sagradas
hasta las canciones de la noche,
floreció un legado,
un testimonio de luz.

La riqueza del lenguaje,
en dialectos tan grandiosos,
cada palabra una conexión,
un hilo en la mano.
Desde los susurros
de los ancianos
hasta los gritos de los jóvenes,
en el corazón del pueblo,
se cantaban las historias.

Las tribus de las llanuras se reunían,
bajo los vastos cielos,
en la Danza del Búfalo,
donde el espíritu vuela.
Con el latido de los tambores,
celebraban la vida,
en el círculo de la unidad,
más allá de toda lucha.

Desde los artistas
del suroeste,
con sus colores
tan audaces,
hasta los narradores
tejiendo sueños del pasado,
cada cultura una joya,
en la corona de la tierra,
con sabiduría y belleza,
juntos se mantienen.
Las leyendas de los guerreros,
los cuentos de los valientes,
en los fuegos del conflicto,
sus espíritus se salvarían.

A través de pruebas y tribulaciones,
forjaron su camino,
en el corazón de la resistencia,
un nuevo día más brillante.
Las tribus costeras prosperaron,
donde las olas del océano chocaban,
con la abundancia del agua,
sus vidas se entrelazaban y salpicaban.

En el ritmo de las mareas,
encontraron su gracia,
en la Danza del Mar,
descubrieron su lugar.
Con la llegada
de los extraños,
el mundo cambió de nuevo,

pero el espíritu de las culturas
permaneció fuerte y verdadero.

A través de las pruebas del cambio,
mantuvieron la cabeza en alto,
frente a la adversidad,
alcanzaron el cielo.
Las historias de supervivencia,
de amor y parentesco,
en el corazón de la lucha,
sus espíritus ganarían.
Con cada nuevo amanecer,
abrazaban lo que vendría,
en el legado de los ancestros,
sus corazones latían como uno solo.
Cuando el sol se ponía,
pintando horizontes con oro,
las historias continuaban,
su riqueza se contaba de nuevo.

Porque en cada reunión,
en cada mano apretada,
reside la fuerza de las culturas,
un faro de luz.
Recordemos,
mientras caminamos por esta tierra,
la belleza de las culturas,
su sabiduría,
su valor.

En el corazón del continente,
donde los sueños se entrelazan,
honramos nuestra herencia,
un regalo tan divino.
Porque somos los tejedores,
los guardianes de la llama,
en los ecos de la historia,
valoramos cada nombre.

En el viaje de la vida,
nos mantenemos lado a lado,
en la narrativa tejida,
donde todos pueden habitar.
A través del lente del pasado,
damos un paso hacia el amanecer,
abrazando nuestras historias,
nuestros espíritus renacen.
El auge de las culturas
es un testimonio verdadero,
en el latido de la historia,
nos encontramos renovados.

VI

En el crepúsculo de las edades,
donde las estrellas brillan suavemente,
los ecos de los ancestros tejen
sueños en canciones.
A través de los susurros de los bosques,
en el susurro de las hojas,
la esencia de las culturas
es lo que el corazón cree.

La sabiduría de la naturaleza,
en el ritmo del tiempo,
una canción de conexión,
en cada empinada subida.
Desde las montañas hasta los valles,
las historias se unen,
en el corazón de la gente,
donde las sombras
se encuentran con la luz.

Los Cherokee se reunían,
con la fuerza
de su tradición,
en los cuentos del Cuervo,
donde los espíritus vuelan.
Con la paz del consejo,
honran su cultura y,
en la sabiduría de los círculos,
juntos se mantienen.

Desde el abrazo de los Grandes Lagos
hasta los desiertos tan amplios,
cada región un lienzo,
donde las tradiciones perduran.
Con las canciones de las estaciones,
celebraban el nacimiento,
en la danza de la existencia,
valoraban la tierra.

El poder de la reunión,
donde brilla la luz del fuego,
en las historias de antaño,
el espíritu aún fluye.
Con la risa de los niños,
la sabiduría de la edad,
en el corazón de su cultura,
pasaban cada página.

Las Llanuras se convirtieron
en lienzos
para las historias que contaban,
con el jinete y el caballo,
ambos fieros y valientes.
En el eco de los cascos,
en el Llamado de lo Salvaje,
forjaron un nuevo destino,
donde la libertad sonreía.

Mientras el mundo seguía girando,
con sus pruebas y su gracia,
la resiliencia de las culturas
siempre abrazaría.

En el corazón de la tormenta,
sus espíritus se elevarían,
con un tapiz tejido
de esperanzas y lazos.

La llegada de los recién llegados,
con sus nuevas visiones,
aunque las mareas
del cambio surgieron,
las viejas costumbres se mantuvieron.
En la fusión de culturas,
se trazó un nuevo camino,
en el corazón de la lucha,
nacerían nuevos sueños.

Con la fuerza de los ríos,
y los vientos en su vuelo,
encontraron en el otro un faro de luz.
A medida que las historias continuaban,
cada hilo se entrelazaba,
en la tela de la vida,
donde el pasado está consagrado.

Reunámonos,
como lo hicieron los antiguos,
para honrar los viajes,
el amor que ofrecieron.
En el corazón del continente,
donde las culturas surgen,
celebramos la unidad,
bajo cielos infinitos.

Porque somos los soñadores,
los guardianes de la llama,
en los ecos de la historia,
honramos cada nombre.
En el viaje de la vida,
tejemos nuestro destino,
en los ecos del tiempo,
encontramos nuestro gran lugar.

A través del lente
del pasado,
damos un paso hacia la luz,
abrazando nuestras historias,
nuestros espíritus toman vuelo.
El auge de las culturas
es un testimonio verdadero,
en el latido de la historia,
nuestros espíritus se renuevan.

ECOS DE LAS PIEDRAS Y EL SUELO

I

En los jardines florecientes, donde la diversidad prospera,
Las semillas de la compasión y la comprensión llegan.
Con los colores de la cultura, una exhibición vibrante,
Cultivamos la unidad, pase lo que pase.

El pulso de los pueblos, donde los sueños se entrelazan,
En el bullicio de la vida, donde las estrellas brillan intensamente.
Desde la risa de los niños hasta la sabiduría de los sabios,
En el corazón de la reunión, la esperanza nunca muere.

A medida que el mundo sigue evolucionando,
          con cada cambio de marea,
Aprendemos unos de otros, con los brazos abiertos.
En el diálogo de voces, en las historias que compartimos,
Encontramos un terreno común, en el amor que llevamos.

La fuerza de la resiliencia, frente a la tormenta,
Con el poder de la comunidad, nos reunimos y formamos.
En las pruebas que enfrentamos, a través de las sombras
que pisamos,
Nos levantamos juntos, y con valentía, nos extendemos.

Desde las enseñanzas de los ancianos hasta los vívidos sueños
          de los jóvenes,
En el tapiz tejido, cada hilo brilla suavemente.
Con la sabiduría de las edades, y el fuego de los jóvenes,
Cantamos canciones del futuro, donde todos los corazones
          están unidos.

En el abrazo de la tierra, donde las montañas se alzan altas,
Honramos a los espíritus; escuchamos su llamado.
Porque la tierra es nuestro hogar, donde nuestras historias
     se entrelazan,
En las raíces del pasado, nuestros futuros se alinean.

La belleza de compartir, de la risa y las lágrimas,
En el viaje juntos, conquistamos nuestros miedos.
Con las manos unidas en unidad,
Enfrentamos lo que está por venir.

II

En la cuna del amanecer,
donde los ríos suspiran,
los olmecas se levantaron,
un susurro de trueno,
desde el corazón de la tierra,
invocaron el cielo,
una danza del jaguar,
un sueño fue desgarrado.
Cabezas poderosas de basalto,
silenciosas y sabias,
guardianes de secretos,
con ojos como la noche,
talladas en las montañas,
atraviesan los cielos,
un testamento escrito
en sombras y luz.
Con manos como las raíces
de la antigua Ceiba,
dieron forma al horizonte,
nutrieron la arcilla,
en el calor del sol,
el pulso del trabajo,
forjaron su destino
en el suave vaivén
del suelo.
Campos de maíz susurraban
sus historias de antaño,
el ritmo del tiempo,

en cada semilla que sembraban,
las comunidades florecían,
sus corazones valientes y audaces,
en el eco de la risa,
el espíritu crecía.
Sin embargo, las tormentas se cernían,
y el mundo sentía el cambio,
con fuego y hambruna,
los vientos trajeron desesperación,
los cielos eran caprichosos,
la tierra se sentía extraña,
y los sueños tallados en piedra
se convirtieron en susurros en el aire.
Pero aún así, a través de los siglos,
su legado respira,
en el pulso del valle,
en la danza de la lluvia,
porque los olmecas son raíces,
entrelazadas en las hojas,
su espíritu perdura
en el sol y el grano.
Ahora recordemos,
con reverencia y gracia,
los ecos de la piedra,
las canciones del suelo,
porque las civilizaciones se levantan,
pero el tiempo no deja rastro,
pero el corazón de los olmecas
late en nuestro trabajo.

III

En el resplandor del futuro, donde los caminos convergen,
    Las voces de muchos se elevan en un auge.
Con la sabiduría de las edades y los sueños de los jóvenes,
    Crean un nuevo himno, una canción que se canta.

La fuerza de la comunidad, el poder del parentesco,
    En la lucha por la justicia, donde comienza la compasión.
Con las manos unidas, se mantienen lado a lado,
    Frente a la adversidad, sus espíritus perduran.

De los ecos de las luchas, las lecciones aparecen,
    En el corazón del movimiento, sienten la gran urgencia.
Porque las historias de antaño son las raíces de hoy,
    En el jardín del progreso, nutren el camino.

Con el pulso de las ciudades, donde las culturas se entrelazan,
    El latido de la humanidad es vibrante y fino.
En la risa de los niños, en las esperanzas de los valientes,
    Reside la promesa del mañana, el futuro que anhelamos.

Los artistas y poetas, con visiones desencadenadas,
    Iluminan la oscuridad, donde el amor ha permanecido.
En murales y versos, capturan la luz,
    En la danza de la creación, alcanzan nuevas alturas.

A medida que las estaciones siguen girando, y el mundo encuentra su
     ritmo,
Honran las tradiciones mientras abrazan nuevos espacios.
Porque en cada encuentro, en la calidez de una sonrisa,
Reside el poder de la conexión, uniendo cada milla.

El poder del diálogo, donde los corazones aprenden a hablar,
     En el compartir de historias, los fuertes y los humildes.
Juntos se reúnen, en foros de gracia,
     En el espíritu de aprender, encuentran su lugar legítimo.

Con las lecciones de la historia como su estrella guía,
     Navegan hacia adelante, sin importar cuán lejos.
Porque el viaje es compartido, con cada paso que dan,
     En el abrazo del mundo, se forjarán nuevos lazos.

Celebremos la diversidad, la belleza que trae,
     En el coro de voces, donde la armonía canta.
En el corazón del movimiento, donde la compasión fluirá,
     Nos apoyamos mutuamente, en la alegría y el dolor.

Porque somos los soñadores, los guardianes de la llama,
     En los ecos de la historia, honramos cada nombre.
En el viaje de la vida, tejemos nuestro destino,
     En los ecos del tiempo, encontramos nuestro gran lugar.

A través del lente del futuro, damos un paso hacia el amanecer,
     Abrazando nuestras historias, nuestros espíritus renacen.
Porque la convergencia de las naciones es un testimonio verdadero,
     En el latido de la historia, nuestros espíritus se renuevan.

Y mientras avanzamos, con coraje y fuerza,
Que el amor sea nuestro faro, nuestra guía en la noche.
En el abrazo del mundo, donde la esperanza canta brillantemente,
Celebramos juntos, toda la alegría que trae.

Unidos en propósito, con los ojos en el premio,
Luchamos por un futuro donde cada corazón vuele.
En la sinfonía de la vida, que nuestras voces resuenen,
En el tapiz tejido, juntos estamos unidos.

IV

En la cuna de las sombras, donde el jaguar acecha,
Los olmecas surgieron, con su intención tallada en piedra,
En los susurros de las selvas, donde la noche aúlla
suavemente,
Esculpen sus sueños, en los ecos que enviaron.

Con cabezas colosales que se elevan desde las profundidades
de la
                tierra,
Cada rostro una historia, cada mirada una herida profunda,
En el silencio de las edades, ponderaron su valor,
El pulso de su historia está en las raíces del suelo.

Oh, el sagrado juego de pelota, donde los corazones
colisionaban,
En la arena del destino, donde los dioses contenían el aliento,
Con el ritmo de la lucha, donde los guerreros competían,
En la danza del cosmos, luchaban con la muerte.

El chamán reunía el humo de la noche,
Con el poder de la visión, atravesaba lo invisible,
En el parpadeo de las velas, en las sombras de la luz,
Hablaba con los espíritus, con los perdidos y los atentos.

En las ciudades de San Lorenzo y La Venta,
Donde las pirámides se alzaban como los sueños de los
audaces,
Los ecos de la risa, los cuentos de la Lenta,

Resonaban a través de las piedras, en el calor del frío.

Pero los cielos se oscurecerían, a medida que los siglos
giraban,
Con el peso del mundo presionando su destino,
En el silencio de los ecos, se aprendieron las lecciones,
Sin embargo, el corazón de los olmecas no vacilaría.

En el misterio del jade, en el pulso de la arcilla,
Honraban los ríos, los ciclos de la lluvia,
Con el ritmo de las estaciones, bailaban día y noche,
En el corazón de la selva, donde el amor se encuentra
con el dolor.

Sin embargo, la marea de la historia, con su agarre
inflexible,
Lavaría los valles, enterraría su nombre,
En el silencio de las edades, en el polvo del pasado,
Los olmecas susurrarían, pero aún sentirían la llama.

Porque en la espesa niebla, donde los ecos aún vagan,
La esencia de la cultura persiste para siempre,
En las venas de la tierra, en las sombras del hogar,
Su legado perdura, como el suave beso de un amante.

Así que abracemos el peso de su piedra,
Con la ternura de las manos que una vez moldearon la
arcilla,
Porque en el corazón del cosmos, nunca estamos solos,
Los olmecas, en susurros, aún nos guían hoy.

En el pulso de la selva, en el aliento de la brisa,
Su espíritu aún danza en las sombras de los árboles,
En los corazones de los niños, en la canción de los mares,
Los olmecas nos recuerdan el pasado que aún libera.

Así, reunimos sus fragmentos, como las estrellas en la noche,
Con reverencia y amor, honramos su mirada,
Porque los olmecas perduran, en la luz suave del corazón,
En el ritmo de la existencia, su historia se juega.

V

En las tierras antiguas de Mesoamérica,
los Olmecas emergen como sombras,
una civilización enigmática, su legado,
un rompecabezas por resolver,
sus influencias,
un eco que resuena
en las culturas que vinieron después.

Creadores de piedra y misterio,
las famosas cabezas colosales,
talladas en roca volcánica,
son un asombroso legado,
pesando más de 40 toneladas,
figuras poderosas sin nombres,
sus identidades perdidas en el tiempo.

Pioneros de Mesoamérica,
florecieron entre 1500 y 400 a.c.,
mucho antes que mayas y aztecas,
considerados la "cultura madre",
sus raíces se hunden en la historia,
su influencia, un manantial de sabiduría
que brota en culturas posteriores.

Maestros del jade,
con un toque virtuoso,
los Olmecas tallaban jade,
piedra preciosa venerada,

elaboradas máscaras y figuras, cada pieza,
un testimonio de su habilidad artística sin igual.

El juego de pelota ancestral,
aunque más conocidos por mayas y aztecas,
los Olmecas fueron los creadores,
un juego de pelota con significado,
ritual y deportes entrelazados,
un reflejo de su conexión con lo sagrado.

Pioneros de la escritura,
desarrollaron un sistema de escritura,
jeroglíficos que aún guardan secretos,
aunque no todos han sido descifrados,
sus glifos nos revelan un mundo,
un lenguaje más avanzado de lo que se pensaba.

Arquitectura monumental,
además de cabezas colosales,
construyeron pirámides y estructuras grandiosas,
en La Venta, San Lorenzo y Tres Zapotes,
sus ciudades, corazones de la cultura,
misterios aún por descubrir en cada piedra.

Agricultores de la tierra,
más que cazadores y recolectores,
los Olmecas practicaban una agricultura avanzada,
cultivando maíz, frijoles y calabazas,
sustentando una población considerable,
un equilibrio con la tierra que les dio vida.

Religión de transformación,
su fe giraba en torno a la transformación,
hombre y jaguares entrelazados,
animales sagrados en su mitología,
esculturas que cantan historias de un mundo donde lo
humano
y lo divino se funden en un abrazo eterno.

Influencia cultural vasta,
a pesar de su desaparición en el 400 a.c.,
su legado se esparció por Mesoamérica,
arte, arquitectura y creencias, nutriendo a los mayas,
zapotecas y aztecas,
un hilo dorado en la historia compartida.

Desafíos en la interpretación,
a pesar de las evidencias arqueológicas,
sigue siendo un enigma su historia,
la falta de documentos escritos,
y los secretos que envuelven sus ceremonias,
hacen de los Olmecas un misterio que aún ansía ser
descubierto.

La civilización olmeca,
pionera en tantos aspectos,
dejó un legado que sigue fascinando,
su arte, religión y avances,
fundamentales en el desarrollo de Mesoamérica,
un eco que perdura en el tiempo,
un recordatorio de que los misterios
siguen vivos en nuestro mundo.

CANCIÓN
DE LA SERPIENTE EMPLUMADA

I

En el futuro que se ilumina, donde las visiones toman vuelo,
Tejemos juntos sueños, encendiendo la noche.
Con el pulso del planeta, un ritmo tan verdadero,
En el corazón de nuestra unidad, descubrimos de nuevo.

La fuerza de nuestras voces, en la mezcla de la armonía,
Con el poder de la bondad, rompemos cada tendencia.
En los jardines que cuidamos, donde se siembran las
semillas de la esperanza,
Cultivamos futuros, donde las posibilidades crecen.

De las historias de antaño, ricas en sabiduría y gracia,
A la risa de los niños, que iluminan cada espacio,
Llevamos adelante legados, el pasado en nuestras manos,
En el viaje del progreso, donde la compasión se expande.

La belleza de compartir, de ideas que chispean,
En el resplandor de la conexión, iluminamos la oscuridad.
Con el coraje de escuchar, de aprender y enseñar,
Construimos puentes de entendimiento, tan cerca y tan lejos.

A medida que el sol se eleva más alto,
iluminando nuestro camino,
Recogemos los fragmentos de alegría y furia.
Con las lecciones de las edades, y los sueños aún por volar,
Abrazamos todas nuestras historias y abrimos cada puerta.

El poder de la acción, donde las intenciones se alinean,
En el corazón de la lucha, redefinimos.
Con manos dispuestas, y corazones valientes,
Nos levantamos en el espíritu del cambio, un
movimiento para salvar.

De los ecos de las marchas, donde la esperanza llena el aire,
A los susurros de la bondad, en los momentos que compartimos,
En la tela de la vida, cosimos cada costura,
Crear el mañana es un sueño colectivo.

Porque somos los soñadores, los guardianes de la llama,
En los ecos de la historia, honramos cada nombre.
En el viaje de la vida, tejemos nuestro destino,
En los ecos del tiempo, encontramos nuestro gran lugar.

A través del lente del mañana,
damos un paso hacia el amanecer,
Abrazando nuestras historias, nuestros espíritus renacen.
Porque el legado del mañana es un testimonio verdadero,
En el latido de la historia, nuestros espíritus se renuevan.

Y mientras avanzamos, con corazones entrelazados,
Que la compasión sea nuestra guía, nuestra visión alineada.
En el abrazo del mundo, donde la unidad canta,
Celebramos juntos, toda la esperanza que trae.

Unidos en propósito, con sueños brillando intensamente,
Luchamos por un futuro donde cada corazón tome vuelo.
En la sinfonía de la vida, que nuestras voces resuenen,
En el tapiz tejido, juntos estamos unidos.

Porque en cada latido, en cada oración susurrada,
Reside la promesa de esperanza, un mundo que
podemos compartir.
En el legado del mañana, con coraje, nos mantenemos,
Mano a mano, juntos, cuidamos esta tierra.

Así que levantémonos, con propósito y gracia,
Para honrar nuestro viaje, para valorar cada espacio.
En la luz de la compasión, donde todos pueden pertenecer,
Cantamos juntos, para siempre nuestra canción.

En el legado que construimos, que nuestros espíritus se unan,
Con el amor como nuestra bandera,
damos un paso hacia la luz.
Porque el futuro está esperando, y nos llama a ver,
Un mundo lleno de promesas, donde todos pueden ser libres.

En el legado que construimos, que nuestros espíritus se unan,
Con el amor como nuestra bandera, damos un paso
hacia la luz.
Porque el futuro está esperando, y nos llama a ver,
Un mundo lleno de promesas, donde todos pueden ser libres.

II

En el corazón del valle, donde los ríos se entrelazan,
Los ecos de Tenochtitlán se elevan desde lo profundo,
Un tapiz tejido, donde los destinos brillan,
Con el pulso del sol, y los secretos que guardan.

Una ciudad sobre el agua, como sueños hechos de piedra,
Con templos que atraviesan el vasto lienzo de los cielos,
Donde guerreros y poetas hicieron suyas las voces,
Y los corazones del pueblo latían fuertemente con sus gritos.

El Serpiente Emplumada se elevaba, un guardián del destino,
Con sabiduría y coraje, bailaban con las estrellas,
En los mercados de colores, donde las culturas crean,
La risa de los niños, el rasgueo de melodía.

A través del maíz y el cacao, su espíritu tomó vuelo,
En los rituales tejidos con sangre y fuego,
Los dioses observaban en silencio, en la quietud de la noche,
Mientras los sueños de los mexicas se elevaban cada vez más alto.

Sin embargo, las sombras crecieron, mientras los vientos
susurraban
            cambio,
Con el choque de los mundos, y los gritos de
desesperación,
El corazón de su imperio se sentía frágil y extraño,
Mientras los invasores se acercaban con sus armas desnudas.

Pero aún en las ruinas, su legado respira,
En las canciones de la lluvia, en la fuerza de la tierra,
Porque los mexicas son raíces, entrelazadas en las hojas,
Su espíritu persiste en el pulso del renacimiento.

Recordemos las alturas que han alcanzado,
La sabiduría de las edades, la fuerza de sus manos,
Porque las civilizaciones se levantan, y aunque el tiempo
haya rugido,
Las canciones del Serpiente Emplumada resuenan a
través de las
        tierras.

III

En el amanecer de nuestro futuro,
donde los horizontes se expanden,
Nutrimos los sueños que juntos hemos planeado.
Con la chispa de la innovación
y la sabiduría de la edad,
Escribimos una nueva historia;
pasamos una nueva página.

La belleza de la colaboración,
donde las ideas chocan,
En el corazón de la creación,
damos cada paso.
Con el coraje de desafiar,
de cuestionar y buscar,
Construimos una base;
fuerte, vibrante y única.

Desde lo más profundo de nuestros corazones,
cultivamos la gracia,
En el tapiz tejido,
cada hilo encuentra su lugar.
Con respeto por la tierra
y los espíritus que guían,
Honramos la tierra,
donde viven nuestras esperanzas.

El viaje es interminable,
con caminos aún por recorrer,

En el espíritu de la bondad,
donde nuestros corazones son guiados.
Juntos nos levantamos,
con la fuerza de nuestros lazos,
En el abrazo de nuestras historias,
nuestros espíritus se elevarán.

A medida que el mundo sigue cambiando,
con desafíos cercanos,
Extraemos de nuestro coraje,
nuestra visión clara.
Frente a la adversidad,
nos mantenemos de la mano,
Porque juntos florecemos,
unidos nos mantenemos.

Las voces de la juventud,
con su pasión encendida,
En la búsqueda de un futuro,
iluminan los caminos.
Con sueños de inclusión,
justicia y paz,
Son los portadores de la antorcha,
donde la esperanza no cesará.

Desde los ríos de lucha hasta
las montañas de gracia,
Navegamos hacia adelante,
en este espacio sagrado.
Con la sabiduría de los ancianos
y el fuego de los audaces,

Tejemos una nueva narrativa,
un futuro para sostener.

Porque somos los soñadores,
los guardianes de la llama,
En los ecos de la historia,
honramos cada nombre.
En el viaje de la vida,
tejemos nuestro destino,
En los ecos del tiempo,
encontramos nuestro gran lugar.

A través del lente del mañana,
damos un paso hacia el amanecer,
Abrazando nuestras historias,
nuestros espíritus renacen.
Porque el legado del mañana
es un testimonio verdadero,
En el latido de la historia,
nuestros espíritus se renuevan.

Y mientras avanzamos,
con corazones entrelazados,
Que la compasión sea nuestra guía,
nuestra visión alineada.
En el abrazo del mundo,
donde la unidad canta,
Celebramos juntos,
toda la esperanza que trae.

Unidos en propósito,
con sueños brillando intensamente,
Luchamos por un futuro
donde cada corazón tome vuelo.
En la sinfonía de la vida,
que nuestras voces resuenen,
En el tapiz tejido,
juntos estamos unidos.

Porque en cada latido,
en cada oración susurrada,
Reside la promesa de esperanza,
un mundo que podemos compartir.
En el legado del mañana,
con coraje, nos mantenemos,
Mano a mano, juntos,
cuidamos esta tierra.

Levantémonos,
con propósito y gracia,
Para honrar nuestro viaje,
para valorar cada espacio.
En la luz de la compasión,
donde todos pueden pertenecer,
Cantamos juntos,
para siempre nuestra canción.

A medida que las estrellas guían nuestro viaje,
iluminando la noche,
Abrazamos la aventura;
nuestros espíritus toman vuelo.

Porque el mundo es un lienzo,
y nosotros somos el pincel,
En la pintura de futuros,
creamos con prisa.

Que el amor sea nuestra ancla,
que la justicia sea nuestra guía,
En el legado del mañana,
que nuestros corazones permanezcan.
Porque en cada pequeño acto,
en cada bondad que compartimos,
Construimos una base,
un mundo verdaderamente justo.

IV

En la sombra de las montañas donde el jaguar acecha,
Antes de que el sol coronara
el imperio de la serpiente emplumada,
Allí prosperaron los valientes hijos del valle,
Los olmecas, los teotihuacanos, sus espíritus aún se elevan,
Como vapor de manantiales sagrados,
En el corazón de la tierra,
Tallaron sus sueños en piedra.

Tierra sagrada de los antiguos,
Donde los ríos cantaban a las estrellas,
Bajo los ojos vigilantes de Mixcóatl,
El dios de la caza, la flecha rápida,
Y en el crepúsculo,
el noble Cuauhtémoc,
Aún no un nombre, sino una promesa,
El latido de un guerrero en el silencio.

Escucha los susurros del viento,
Llevando cuentos de reyes—
Zacatecas, feroz y orgulloso,
Con cuchillas de obsidiana que brillaban
Como los ojos del halcón,
Y los ecos de los valientes,
Que bailaban con los jaguares
En ritos sagrados bajo la luna.

En el abrazo de Tula,
Quetzalcóatl, el emplumado,
Cosía la tela del cosmos,
Mientras los sabios toltecas,
Con sus pirámides alcanzando los cielos,
Tejían las historias de las estrellas,
Como constelaciones en el cielo nocturno,
Un tapiz de existencia, centelleante.

Y los tambores de guerra tronaban,
En el abrazo del valle,
Cuando el feroz Xólotl se levantó,
Su corazón una tempestad,
Liderando la carga a través de la niebla,
Mientras el sol se alzaba sobre el horizonte,
Un ojo ardiente sobre los hechos de los hombres,
Y la sangre de los valientes pintaba la tierra.

Espíritus ancestrales,
Tejiendo a través de los hilos del tiempo,
Con cada pulso del tambor sagrado,
Sus voces se elevan como el humo de las ofrendas,
Susurrando de gloria,
De sacrificio,
De la sangre que nutrió el suelo,
Donde las raíces de su grandeza aún habitan.

En el corazón de la tierra,
Los ecos perduran,
De una civilización inquebrantable,
De guerreros y reyes,

De sueños grabados en piedra,
Un legado de vida,
Donde el pasado y el presente se entrelazan,
Como las enredaderas que se aferran a las antiguas paredes,
Susurros de los antiguos,
Siempre vivos en el pulso de la tierra.

V

En el silencio del amanecer,
Donde las sombras se estiran y bostezan,
Los antiguos se reunían,
Corazones sintonizados con el cosmos,
Con ojos como obsidiana pulida,
Leían los secretos de los cielos,
Trazando la danza de estrellas y planetas,
Cada destello es un susurro, una promesa, una guía,
En el tapiz de la noche,
El cielo sagrado.

Sagrado conocimiento de la tierra,
El pulso del maíz bajo el suelo,
Cantaban a las semillas,
Daban vida a los surcos,
Con manos curtidas por el trabajo,
Forjando los ciclos de las estaciones,
A medida que el sol se elevaba alto,
El aliento de Kukulkán calentaba los campos,
Y el maíz crecía alto,
Un testimonio de su reverencia.

Con cada solsticio,
Se reunían bajo el abrazo del sol,
En ceremonias tejidas con humo y canción,
Ofreciendo sus corazones a Tláloc,
El dios de la lluvia, el dador de vida,
Bailando descalzos en el barro,

Invocaban las tormentas,
Cada gota una bendición,
Cada trueno un rugido,
La tierra se regocijaba en el ritmo de la devoción.

Los sacerdotes,
Adornados con plumas y jade,
Vigilaban desde lo alto de las pirámides,
Como centinelas de las estrellas,
Mirando al horizonte,
Donde el día besaba la noche,
Y el universo contaba historias de creación,
Mientras trazaban los movimientos de Venus,
La estrella de la mañana, una mensajera divina,
Su luz es un camino hacia lo sagrado.

En el corazón de sus templos,
El humo se elevaba,
Llevando oraciones a los dioses,
Donde el fuego se encontraba con el cielo,
Y los ecos de los cantos
Resonaban a través de los siglos,
Una comunión de espíritu y tierra,
Una armonía de lo visto
Y lo no visto,
En la geometría sagrada de la existencia.

Guardianes de los ciclos,
Ustedes que entendían el lenguaje del suelo,
Con cada siembra, una oración,
Con cada cosecha, una celebración,

La rueda de la vida girando,
En las manos de los sabios,
Mientras honraban al sol, la luna, las estrellas,
En un abrazo celestial,
Donde el conocimiento florecía como flores silvestres,
En los campos de la eternidad.

Y así, viajaron a través de las edades,
Con corazones tejidos en la tela del cosmos,
Sus creencias, una constelación de reverencia,
Sus ceremonias, un río de gratitud,
En la danza sagrada de la existencia,
Encontraron su lugar entre las estrellas,
Un legado de sabiduría sembrado en la tierra,
Ecos de los antiguos,
Siempre susurrando, Siempre vivos.

EL AUGE DE LOS AZTECAS

I

En el valle de los lagos,
Donde el águila voló,
Una civilización se levantó,
En el resplandor de la luz.

Tenochtitlán,
Una maravilla de aguas tan claras,
Una ciudad de maravillas,
Donde los sueños aparecerían.

Con calzadas como venas,
Su red se extendía ampliamente,
Puentes de comercio,
Donde las culturas colisionan.

Desde mercados bulliciosos,
Donde los comerciantes se encontraban,
Hasta los sonidos de los tambores,
Y el ritmo de los pies.

Majestuosos los templos,
Con piedra tallada con gracia,
Pirámides que alcanzaban,
Tocaban el rostro del cielo.

La Gran Pirámide del Sol,
Un tributo demasiado profundo,
A Huitzilopochtli,
En el suelo sagrado.

Los astrólogos miraban
Las estrellas arriba,
Mapeando los cielos,
Con conocimiento y amor.

El calendario que crearon,
Un ciclo de tiempo,
Guiaba su siembra,
Un ritmo sublime.

Con arte que encantaba,
Desde plumas hasta arcilla,
En mosaicos vibrantes,
Sus historias se jugaban.

El jaguar y la serpiente,
En leyendas entrelazadas,
Un tapiz tejido,
Su cultura se define.

En la guerra, prosperaban,
Guerreros feroces en poder,
Con cuchillas de obsidiana,
Hacían huir a los enemigos.

Sus conquistas se expandieron,
Su imperio se desplegó,
Desde las montañas hasta las costas,
Abrazaron el mundo.

La religión entrelazada
Con cada aliento que tomaban,
En rituales sagrados,
Sus corazones eran el libro.

Con ofrendas dadas,
Agradaban a sus dioses,
En la danza del sol
Y la brisa susurrante.

El arte del sanador,
Con hierbas, atendían,
En la sabiduría de los antiguos,
Su conocimiento se mezclaba.

Con escuelas para los jóvenes,
Y escribas que escribían,
Su legado florecía,
Un faro de luz.

Desde chinampas exuberantes,
Donde los cultivos prosperaban en filas,
Hasta el arte del tejedor,
Donde surgía la belleza,
Moldeaban su entorno,
En equilibrio y cuidado,
Viviendo en armonía,
Una cultura tan rara.

Azteca de antaño,
En su gloria, brillaban,
En los anales de la historia,
Sus logros son conocidos.

Antes de la llegada
De decretos extranjeros,
Tallaron un mundo,
Vibrante y libre.
Así que recordemos,
En los cuentos que contamos,
El espíritu de Tenochtitlán,
Donde la grandeza cayó.

En el corazón del sol,
Donde el águila voló,
La civilización azteca,
Un legado brillante.

II

En el amanecer de una nueva era, donde los horizontes
se expanden,
Los hilos de las culturas tejieron un gran tapiz.
Desde océanos de colores montañosos, el mundo se renovó,
En la danza de la conexión, lo viejo se encontró con lo nuevo.

El llamado de la brújula, los vientos del mar,
Trajeron navegantes, de tierras distantes libres.
Con velas llenas de sueños, navegaron las mareas,
En busca de aventura, donde el destino reside.

Los barcos tallaban las aguas, como susurros en la espuma,
Buscando nuevas costas donde sus corazones pudieran
encontrar un hogar.
En el choque de las culturas, tanto tiernas como feroces,
Una mezcla de historias, donde el espíritu podía penetrar.

Los colores del conflicto, las sombras del dolor,
En el corazón de la lucha, las lecciones permanecen.
Porque en cada encuentro, en cada voz que se escuchó,
Reside el poder de la unidad, la fuerza de la palabra.

Los pueblos indígenas se mantuvieron firmes en su lugar,
Guardianes de la sabiduría, del espíritu y la gracia.
Frente a los cambios, se aferraron a su canción,
Con los ecos de los ancestros, donde todos pertenecen.

De norte a sur, las naciones se levantarían,
En el corazón de las reuniones, bajo los vastos cielos.
En los tratados de paz, donde los espíritus se encontraban,
Entendían la vida, y sus futuros se redimían.

El poder del diálogo, el honor del corazón,
En medio de la división, buscaron un nuevo comienzo.
Con la sabiduría de las edades, construyeron sobre el pasado,
En el viaje de la sanación, sus espíritus se mantuvieron firmes.

Los idiomas se fusionaron, como ríos que fluyen,
Creando nuevos dialectos, donde las culturas podían crecer.
En el arte de los narradores, la música se mezclaba,
En el ritmo de la vida, donde todas las voces se curan.

Los festivales florecieron, una celebración de gracia,
Donde los colores de las culturas llenaban cada espacio.
Con risas y bailes, honraban la noche,
En el latido de la reunión, encontraban pura alegría.

De powwows a desfiles, el espíritu se encendía,
En la alegría de la unión, la oscuridad se desvanecía.
Porque en cada abrazo, en cada mano apretada,
Reside la promesa de la unidad, un futuro tan brillante.

A medida que las estaciones giraban, con el tiempo,
Las historias se profundizaban, su esencia en rima.
En el corazón del continente, donde los sueños se entrelazan,
Floreció un legado, un regalo tan divino.
Las lecciones de la historia, el poder del amor,
En el viaje de las naciones, guiado desde arriba.

Porque somos los guardianes de la tierra y los cielos,
En la convergencia de culturas, el espíritu nunca muere.

Honremos el pasado, con profunda gratitud,
Por los caminos que caminamos
         y las conexiones que hemos encontrado.

III

En el valle donde las águilas vuelan,
Un cuento de fuerza comienza a rugir,
Desde las orillas del brillo del Lago Texcoco,
El sueño azteca despierta un tema poderoso.

Con Huitzilopochtli guiando su camino,
Reunieron guerreros para la batalla,
Una visión de imperio, un corazón lleno de fuego,
Para conquistar la tierra, para elevarse cada vez más alto.

Oh, levántense, oh, levántense, valientes Guerreros del Sol,
Con corazones como truenos, con espíritus de oro,
Desde las montañas hasta las llanuras, escuchen los tambores de
        guerra,
Mientras los estandartes aztecas se despliegan, dejen que
las leyendas
        se eleven.

Primero vinieron los Tepanecas, orgullosos y feroces,
En el choque del acero, su resolución perforaría,
Pero los mexicas marcharon con un fervoroso poder,
En las sombras de las estrellas, reclamaron su derecho.

Luego los feroces Acolhuas, en su espléndido dominio,
Cayeron ante la marea del reinado azteca,
Con astucia y fuerza, forjaron su decreto,
Una conquista de corazón, tierra y mar.

Oh, levántense, oh, levántense, valientes Guerreros del Sol,
Con corazones como truenos, con espíritus de oro,
Desde las montañas hasta las llanuras, escuchen los tambores
    de guerra,
Mientras los estandartes aztecas se despliegan, dejen que
las leyendas se eleven.

Desde los tlaxcaltecas, que resistieron ferozmente,
Hasta los mixtecos, sus sueños subsistieron,
Los aztecas avanzaron, una marea implacable,
Con guerreros unidos, y el sol como su guía.

A través de valles y cañones, su poder se desplegó,
Desde las cumbres de la Sierra, conquistaron el mundo,
Con tributo y sacrificio, su imperio creció amplio,
Mientras el corazón de Tenochtitlán se hinchaba de orgullo.

Los otomíes cayeron, su fortaleza se perdió,
En el nombre del sol, pagaron el costo,
Con cada tribu caída, un paso hacia el trono,
El legado azteca es para siempre suyo.

Levántense, oh, levántense, valientes Guerreros del Sol,
Con corazones como truenos, con espíritus de oro,
Desde las montañas hasta las llanuras, escuchen los
tambores de guerra,
Mientras los estandartes aztecas se despliegan,
        dejen que las leyendas se eleven.

En los anales del tiempo, su historia se teje,
Del auge de los aztecas, unidos,
Con coraje y honor, tallaron su camino,
En el corazón del sol, para siempre se quedarán.

Oh, levántense,
Oh, levántense,
Que el mundo escuche su nombre,
Por los guerreros aztecas,
en la llama de la historia.

IV

En el espíritu de la esperanza,
nuestros corazones están extendidos.
Mientras el sol se pone en esplendor, proyectando
sombras tan largas,
Nos reunimos en gratitud, donde todos pertenecemos.

En la calidez de la conexión, donde las diferencias se
desvanecen,
Celebramos juntos, las elecciones que hemos hecho.
Porque somos los soñadores, los guardianes de la llama,
En los ecos de la historia, honramos cada nombre.

En el viaje de la vida, tejemos nuestro destino,
En los ecos del tiempo, encontramos nuestro gran lugar.
A través del lente del mañana, damos un paso hacia el
amanecer,
Abrazando nuestras historias, nuestros espíritus renacen.

Porque la convergencia de las naciones es un testimonio
verdadero,
En el latido de la historia, nuestros espíritus se renuevan.
Y mientras avanzamos, con corazones unidos,
Que la compasión sea nuestra brújula, nuestra visión alineada.

En el abrazo del mundo, donde la unidad canta,
Celebramos juntos, toda la esperanza que trae.
Unidos en propósito, con sueños brillando intensamente,
Luchamos por un futuro donde cada corazón tome vuelo.

En la sinfonía de la vida, que nuestras voces resuenen,
En el tapiz tejido, juntos estamos unidos.
Porque en cada latido, en cada oración susurrada,
Reside la promesa de esperanza, un mundo que
podemos compartir.

En la convergencia de las naciones, con coraje, nos
mantenemos,
Mano a mano, juntos, cuidamos esta tierra.
Levantémonos, con propósito y gracia,
Para honrar nuestro viaje, para valorar cada espacio.

En la luz de la compasión,
Donde todos pueden pertenecer,
Cantamos juntos,
Nuestra canción para siempre.

En la tierra donde el sol despierta,
bajo cielos de fuego y de gloria,
se alzan los mexicas, guerreros valientes,
forjando su destino en la historia.

Bajo el yugo del tiempo, la guerra los llama,
con el rugido del jaguar en la bruma,
no todos son guerreros en esta gran trama,
la mayoría cultiva, negocia y se suma.

V

Más allá de la muerte, el arte de capturar,
un trofeo de vida, el corazón en su mano,
ofrenda a los dioses en ritual de altar,
el valor se mide en sacrificios humanos.

El "Guerrero Florido", un rango sagrado,
cuatro enemigos caídos en su senda,
con flores en su atuendo, su honor elevado,
el símbolo de valentía que nunca se ofrenda.

Antes de la batalla, la danza resuena,
rituales sagrados que invocan al cielo,
el fervor religioso en sus cuerpos se frena,
mientras claman a los dioses, su espíritu en vuelo.

El "Macuahuitl", el arma mortal,
madera y obsidiana, en manos de guerrero,
corta como el rayo, fatal y letal,
en el fragor de la lucha, su grito es sincero.

En sus manos el "Atlatl", lanzador audaz,
proyectiles que vuelan con fuerza divina,
su precisión es la danza de un arte eficaz,
en la caza y la guerra, su honor se determina.

El "Chimalli", escudo de nobleza,
cubierto en piel de jaguar, resplandor,
decorado con plumas, un símbolo de fortaleza,

protegiendo al guerrero en la danza del horror.

El "Copilli", penacho de plumas brillante,
símbolo de estatus, de grandeza y poder,
los guerreros más audaces, con orgullo constante,
en la batalla, su espíritu empieza a florecer.

En la "Guerra Florida", la lucha ritual,
no buscan la muerte, sino prisioneros,
capturan guerreros, sacrificio ancestral,
un acto de reverencia, entre mitos y senderos.

El "Tlacuache", animal sagrado en su andar,
símbolo de resistencia, sobrevive la herida,
en su espíritu indomable, el guerrero a brillar,
un eco de lucha, en la historia anidada.

Los guerreros mexicas, en su esencia profunda,
más que simples luchadores, son portadores de fe,
con un código de honor que el tiempo no hunda,
su visión del mundo, un legado que es ley.

Así, en la tierra donde el sol despierta,
los mexicas caminan, su destino en la mano,
en cada batalla, su espíritu se inyecta,
y su eco resuena en el viento temprano.

¡Oh, guerreros de Mesoamérica,
con corazones valientes y sueños de gloria!
Su legado perdura, su historia no cede,
en las páginas del tiempo, ¡una eterna victoria!

SUSURROS DE LOS ANDES

I

En la tierra donde el sol dorado se eleva,
Naymlap llegó con sabiduría en sus ojos.
Desde el mar, trajo la luz sagrada,
Guiando a Lambayeque a través de la noche.

Con manos que moldearon la tierra fértil,
Enseñó los caminos de valor eterno.
Canales de irrigación, campos verdes,
En su reinado, la prosperidad se veía.

Templos se alzaron para tocar el cielo,
Bajo su mando, los espíritus vuelan.
Artesanos tallaron con habilidad y gracia,
En cada piedra, su legado trazamos.

Naymlap, padre de nuestra tierra,
Con tu sabiduría, aún nos mantenemos.
En los susurros de la antigua brisa,
Tu nombre vive,
a través de los mares.

En los talleres,
los fuegos ardían brillantes,
Los artesanos trabajaban
desde el amanecer hasta la noche.
Oro y plata, arcilla y piedra,
En sus manos, la magia brillaba.

Joyas que brillaban bajo el sol,
Máscaras e ídolos finamente hechos.
Con cada golpe de la canción del martillo,
El espíritu de Naymlap vivía.

Alfareros moldeaban la arcilla sagrada,
Enseñando habilidades que nunca flaquean.
Tejedores tejían con hilos de oro,
Historias de los antiguos contadas.

Naymlap, guía nuestras manos,
Enséñanos los caminos de estas tierras.
En cada oficio, tu sabiduría fluye,
En cada corazón, tu legado crece.

Naymlap hablaba de estrellas y cielos,
De tierra y agua, donde yace la sabiduría.
Enseñó los caminos de la paz y la fuerza,
Del equilibrio en el día y la noche.

Los niños se reunían a sus pies,
Aprendiendo lecciones, puras y dulces.
Respetar la tierra, el mar, el aire,
Vivir con amor, siempre cuidar.

Naymlap, maestro sabio,
Tus enseñanzas resuenan a través
de los cielos.
En cada corazón, tus palabras
permanecen,
Guiándonos a través

de la alegría y el dolor.
En las montañas, ríos, mares,
Vemos los espíritus
y sentimos la brisa.
Cada árbol y cada piedra,
Contiene un espíritu, no está solo.

El sol, la luna, las estrellas arriba,
Nos enseñan sabiduría, nos muestran amor.
En el viento, escuchamos la canción,
De los ancestros, guiando fuerte.

Naymlap, sabio y verdadero,
Tus enseñanzas nos guían a través y a través.
En los brazos de la naturaleza, encontramos nuestro camino,
En cada amanecer, en cada día.

A través de rituales y ritos sagrados,
Buscamos la verdad, la luz interior.
En grandes templos, rezamos y cantamos,
A los espíritus, una vida traemos.

Con cada canto, con cada danza,
Honramos la vida, tomamos nuestra postura.
En el equilibrio de la tierra y el cielo,
Encontramos nuestro lugar, nunca morimos.

Naymlap, guía nuestras almas,
En los brazos de la naturaleza,
encontramos nuestras metas.
En cada hoja, en cada piedra,

Sentimos tu presencia, nunca solos.
Cuando el tiempo de descanso
se acerca,
Honramos a aquellos que amamos.
En tumbas de oro y arcilla sagrada,
Colocamos a nuestros seres queridos,
noche y día.

Con ofrendas de comida y arte,
Los despedimos con corazones amorosos.
Oro y plata, conchas y cuentas,
Para guiarlos en las necesidades de su espíritu.

Envueltos en textiles, finos y brillantes,
Viajan hacia la luz eterna.
En la tierra, sus cuerpos yacen,
Mientras sus espíritus vuelan por el cielo.

En la noche, las estrellas se alinean,
Guiándonos con signos divinos.
La luna y el sol, en danza cósmica,
Cuentan las historias de nuestra oportunidad.

Con los ojos en el cielo, trazamos el camino,
A través de constelaciones, noche y día.
La Vía Láctea, nuestro camino sagrado,
En su luz, encontramos nuestras matemáticas.

Naymlap, sabio y verdadero,
Enséñanos los secretos del azul.
En cada estrella, en cada luz,
Vemos el cosmos, puro y brillante.

En el corazón de cada aldea,
La comunidad es donde nos encontramos.
Juntos fuertes, construimos y crecemos,
En unidad, nuestros espíritus fluyen.

Líderes se levantan con la gracia de la sabiduría,
Guiándonos a través del tiempo y el espacio.
Con corazones de oro y mentes tan claras,
Nos guían sin miedo.

Naymlap, guía nuestras manos,
En la comunidad, tomamos nuestras posturas.
En cada corazón, en cada alma,
Tu liderazgo nos hace completos.

En el equilibrio de la tierra y el cielo,
Encontramos la verdad, nunca morimos.
A través de rituales y ritos sagrados,
Honramos la vida, buscamos las alturas.

Con cada canto, con cada canción,
Encontramos el lugar al que pertenecemos.
En la armonía de las estrellas arriba,
Vivimos en paz; vivimos en amor.

Naymlap, bendice nuestros días,
En tu sabiduría, encontramos nuestros caminos.
En cada estrella, en cada noche,
Tus enseñanzas nos guían hacia la luz.

En la tierra donde las montañas se elevan tan alto,
Sinchi Roca lideró con el ojo de la sabiduría.
En el corazón del suelo sagrado de Chavín,
Su legado en piedra se encuentra.

Con manos que moldearon la arcilla sagrada,
Construyó el templo donde rezamos.
Chavín de Huantar, fuerte y alto,
Un lugar donde los espíritus escuchan nuestro llamado.

A través de corredores de piedra y luz,
Nos guió a través del día y la noche.
Con tallados audaces y altares brillantes,
Trajo lo sagrado a la vista.

Sinchi Roca, sabio y verdadero,
En cada piedra, te honramos.
En cada tallado, en cada muro,
Tu espíritu resuena a través de todos nosotros.

En los salones donde rugen los jaguares
Y las águilas vuelan para siempre,
Enseñó los caminos del arte y la fe,
En cada línea, en cada espectro.

Con manos que tallaron la sagrada tradición,
Abrió la antigua puerta.
A dioses y espíritus, tierra y cielo,
Nos mostró cómo vivir y morir.

Sinchi Roca, guía nuestras manos,
En tu sabiduría, tomamos nuestras posturas.
En cada corazón, en cada alma,
Tus enseñanzas nos completan.

En el corazón del templo, el fuego arde,
Un símbolo de las lecciones aprendidas.
A través de rituales de humo y canción,
Nos llevó a donde todos pertenecemos.

Con cada canto, con cada oración,
Sentimos su presencia en todas partes.
En el equilibrio de la tierra y el cielo,
Encontramos la verdad, nunca morimos.

Sinchi Roca, bendice nuestros días,
En tu sabiduría, encontramos nuestros caminos.
En cada estrella, en cada noche,
Tus enseñanzas nos guían hacia la luz.

Con manos que tallaron la sagrada tradición,
Los artistas abrieron la antigua puerta.
Jaguar, águila, gracia de serpiente,
En cada línea, los dioses trazamos.

Oro y plata, arcilla y piedra,
En su arte, los espíritus brillaban.
Máscaras e ídolos, finamente hechos,
En su belleza, la fe se muestra.

Sinchi Roca, guía nuestras manos,
En tu sabiduría, el arte se expande.
En cada tallado, en cada tono,
Tu espíritu vive en todo lo que hacemos.

Chavín de Huántar, gran templo,
Construido con cuidado por manos hábiles.
Corredores de piedra y luz,
Guiándonos a través del día y la noche.

Pilares altos y altares brillantes,
Símbolos del rito sagrado.
En el laberinto, encontramos
nuestro camino,
Al corazón, los espíritus permanecen.

Sinchi Roca, sabio y verdadero,
En cada piedra, te honramos.
En cada muro, en cada salón,
Tu legado se mantiene fuerte y alto.

En el equilibrio de la tierra y el cielo,
Encontramos la verdad, nunca morimos.
A través de rituales de humo y canción,
Honramos la vida, nos mantenemos fuertes.

El sol, la luna, las estrellas arriba,
Nos enseñan sabiduría, nos muestran amor.
En el viento, escuchamos el llamado,
De los ancestros, guiando a todos.

Sinchi Roca, bendice nuestros días,
En tus enseñanzas, encontramos nuestros caminos.
En cada corazón, en cada alma,
Tu sabiduría nos completa.

II

En el resplandor del futuro,
donde los caminos convergen,
Las voces de muchos se elevan en un auge.
Con la sabiduría de las edades
Y los sueños de los jóvenes,
Crean un nuevo himno,
Una canción que se canta.

La fuerza de la comunidad, el poder del parentesco,
En la lucha por la justicia, donde comienza la compasión.
Con las manos unidas, se mantienen lado a lado,
Frente a la adversidad, sus espíritus perduran.

De los ecos de las luchas, las lecciones aparecen,
En el corazón del movimiento, sienten la gran urgencia.
Porque las historias de antaño son las raíces de hoy,
En el jardín del progreso, nutren el camino.

Con el pulso de las ciudades, donde las culturas se entrelazan,
El latido de la humanidad es vibrante y fino.
En la risa de los niños, en las esperanzas de los valientes,
Reside la promesa del mañana, el futuro que anhelamos.

Los artistas y poetas, con visiones desencadenadas,
Iluminan la oscuridad, donde el amor ha permanecido.
En murales y versos, capturan la luz,
En la danza de la creación, alcanzan nuevas alturas.

A medida que las estaciones siguen girando,
y el mundo encuentra su ritmo,
Honran las tradiciones mientras abrazan nuevos espacios.
Porque en cada encuentro, en la calidez de una sonrisa,
Reside el poder de la conexión, uniendo cada milla.

El poder del diálogo, donde los corazones aprenden a hablar,
En el compartir de historias, los fuertes y los humildes.
Juntos se reúnen, en foros de gracia,
En el espíritu de aprender, encuentran su lugar legítimo.
Con las lecciones de la historia como su estrella guía,
Navegan hacia adelante, sin importar cuán lejos.
Porque el viaje es compartido, con cada paso que dan,
En el abrazo del mundo, se forjarán nuevos lazos.

Celebremos la diversidad, la belleza que trae,
En el coro de voces, donde la armonía canta.
En el corazón del movimiento, donde la compasión fluirá,
Nos apoyamos mutuamente, en la alegría y el dolor.

Porque somos los soñadores, los guardianes de la llama,
En los ecos de la historia, honramos cada nombre.
En el viaje de la vida, tejemos nuestro destino,
En los ecos del tiempo, encontramos nuestro gran lugar.

A través del lente del futuro, damos un paso hacia el amanecer,
Abrazando nuestras historias, nuestros espíritus renacen.
Porque la convergencia de las naciones es un testimonio
verdadero,
En el latido de la historia, nuestros espíritus se renuevan.

Y mientras avanzamos, con coraje y fuerza,
Que el amor sea nuestro faro, nuestra guía en la noche.
En el abrazo del mundo,
donde la esperanza canta brillantemente,
Celebramos juntos, toda la alegría que trae.

Unidos en propósito, con los ojos en el premio,
Luchamos por un futuro donde cada corazón vuele.
En la sinfonía de la vida, que nuestras voces resuenen,
En el tapiz tejido, juntos estamos unidos.

III

En el corazón de la tierra sagrada de Cusco,
Nos reunimos con alegría, de la mano.
Inti Raymi, festival brillante,
Honramos al sol, nuestra luz guía,
Con ofrendas de oro y maíz,
Cantamos y bailamos bajo los cálidos rayos del sol.

Sacerdotes con túnicas rojas y doradas,
Cuentan las historias que los antiguos contaron.
En el templo, los fuegos arden,
Mientras esperamos el regreso del sol.

Con cantos y oraciones, llamamos su nombre,
Inti, el dios sol, brilla con llama.
Oh, Inti Raymi, día de luz,
En tu calidez, encontramos nuestra fuerza.

En cada corazón, en cada canción,
Tu espíritu nos guía a lo largo del camino.
En las plazas, los tambores suenan fuerte,
Flautas y zampoñas se unen a la multitud.

Los bailarines se mueven con gracia y alegría,
Celebrando el nuevo año del sol.
Con cada paso, con cada giro,
Los espíritus de los ancestros arden.

En el ritmo de la canción,
Encontramos el lugar al que pertenecemos.
Inti Raymi, festival grandioso,
En tu luz, tomamos nuestra postura.

En cada danza, en cada alegría,
Tu espíritu brilla, año tras año.
Mesas cargadas de comida y bebida,
Nos reunimos, reímos, pensamos.

Maíz y papas, chicha dulce,
En tu honor, festejamos y saludamos.
Con familia, amigos y extraños también,
Compartimos la alegría, lo viejo y lo nuevo.

En cada sonrisa, en cada risa,
Sentimos el cálido camino del sol.
Oh, Inti Raymi, día de gracia,
En tu luz, encontramos nuestro lugar.

En cada corazón, en cada alegría,
Tu espíritu nos guía, año tras año.
En la armonía de las estrellas arriba,
Vivimos en paz; vivimos en amor.

A través de cada canto, a través de cada danza,
Celebramos la gran expansión de la vida.
Con cada paso, con cada giro,
Los espíritus de los ancestros arden.

En el ritmo de la canción,
Encontramos el lugar al que pertenecemos.
Inti Raymi, sabio y verdadero,
En cada estrella, te honramos.
En cada nota, en cada luz,
Tu legado brilla siempre brillante.

IV

En el corazón de la tierra sagrada de Cusco,
Pachacútec tomó su posición.
Con visión clara y corazón tan audaz,
Transformó los cuentos de antaño.

Con fuertes guerreros y estrategias sabias,
Expandió el imperio hasta los cielos.
Desde valles bajos hasta montañas altas,
Sus conquistas hicieron suspirar a los enemigos.

Batallas ganadas y tierras reclamadas,
Bajo su mando, el imperio creció.
En cada victoria, en cada lucha,
Su nombre resonaba en la noche.

Pachacútec, gran líder,
En tu fuerza, tomamos nuestra posición.
En cada corazón, en cada alegría,
Tu legado brilla año tras año.

Con sabiduría profunda y visión clara,
Reformó la tierra cerca y lejos.
Leyes y sistemas, justos y equitativos,
Trajeron prosperidad por todas partes.

En cada aldea, en cada pueblo,
Sus reformas trajeron paz reconocida.
Con caminos y puentes, fuertes y verdaderos,
Unió a Tawantinsuyu.

Pachacútec, sabio y verdadero,
En tus pasos, te seguimos.
En cada ley, en cada plan,
Tu espíritu guía al hombre inca.

En las montañas donde vuelan los cóndores,
Construyó una ciudad que alcanza el cielo.
Machu Picchu, grandiosa y brillante,
Un testamento de su poder.

Con piedras que tocan los cielos altos,
Creó maravillas que nunca mueren.
En cada muro, en cada piedra,
Su legado se muestra claramente.

Pachacútec, constructor sabio,
En tu ciudad, nuestros corazones se elevan.
En cada piedra, en cada luz,
Tu legado brilla siempre brillante.

En el corazón de los salones sagrados de Cusco,
Los niños se reúnen y la sabiduría llama.
Con ancianos sabios y maestros amables,
Aprenden los caminos del corazón y la mente.

En los campos y las escuelas,
Aprenden las antiguas reglas sagradas.
Agricultura, arte y tradición,
En cada lección, exploran.

Con quipus, nudos de conocimiento brillante,
Registran el día y la noche.
En cada nudo, en cada cuerda,
La sabiduría de los antiguos canta.

Pachacútec, guía a nuestra juventud,
En tus enseñanzas, encuentran la verdad.
En cada corazón, en cada mente,
Tu legado, buscan y encuentran.

En los valles y las llanuras,
Los constructores incas dejaron sus logros.
Desde caminos que se extienden del mar al cielo,
Hasta ciudades donde vuelan los cóndores.

Sacsayhuamán, grandiose fortaleza,
Construida con piedras por manos hábiles.
Ollantaytambo, fuerte y verdadero,
Un testamento de lo que hacemos.

Con acueductos y terrazas altas,
Trajimos el agua del cielo.
En cada piedra, en cada muro,
Nuestros logros se mantienen altos.

Pachacútec, sabio y audaz,
En tu visión, contemplamos.
En cada piedra, en cada hazaña,
Tu legado, repetimos.

En el palacio donde habitan los reales,
Las ceremonias lanzan su hechizo.
Con túnicas de oro y plumas brillantes,
Honran a los dioses, día y noche.

En el Inti Raymi, el día del dios sol,
Los reales lideran la gran exhibición.
Con música, danza y ofrendas puras,
Buscan las bendiciones para perdurar.

En la coronación de un rey,
La gente se reúne y los elogios resuenan.
Con rituales de humo y canción,
Coronan al gobernante, fuerte y duradero.

Pachacútec, gran líder,
En tus ceremonias, nos mantenemos.
En cada rito, en cada alegría,
Tu espíritu nos guía, año tras año.

En la armonía de las estrellas arriba,
Vivimos en paz; vivimos en amor.
A través de cada canto, a través de cada danza,
Celebramos la gran expansión de la vida.

Con cada paso, con cada giro,
Los espíritus de los ancestros arden.
En el ritmo de la canción,
Encontramos el lugar al que pertenecemos.

Pachacútec, sabio y verdadero,
En cada estrella, te honramos.
En cada nota, en cada luz,
Tu legado brilla siempre brillante.

A la sombra del reinado de Pachacútec,
Topa Inca se levantó para ganar.
Con sabiduría profunda y coraje brillante,
Lideró el imperio a través de la noche.

Con guerreros fuertes y estrategias sabias,
Expandió el imperio hasta los cielos.
Desde valles bajos hasta montañas altas,
Sus conquistas hicieron suspirar a los enemigos.

Tierras lejanas y amplias, trajo al redil,
Banderas incas, orgullosas y audaces.
En cada batalla, en cada lucha,
Su nombre resonaba en la noche.

Topa Inca, gran líder,
En tu fuerza, tomamos nuestra posición.
En cada corazón, en cada alegría,
Tu legado brilla año tras año.

Con velas puestas para costas distantes,
Se aventuró donde el océano ruge.
A islas lejanas en el azul Pacífico,
Su espíritu explorador voló.

Descubriendo tierras desconocidas para todos,
Respondió al llamado del océano.
En cada ola, en cada marea,
Su legado navegó lejos y ancho.

Topa Inca, verdadero viajero,
En tus viajes, te seguimos.
En cada mar, en cada tierra,
Tu espíritu guía nuestra mano.

V

A la sombra de los picos, donde el cóndor vuela alto,
Los susurros de los imperios tejen cuentos a través de la
piedra,
Desde las profundidades de los valles, donde los ríos cumplen,
Los incas surgieron, con sus corazones tallados en hueso.

Con terrazas aferradas a las montañas como sueños,
Esculparon la tierra en patrones de oro,
En el pulso del sol, en el flujo de los arroyos,
Encontraron su ritmo, una historia contada de nuevo.

Machu Picchu, una corona en las nubes del pasado,
Una fortaleza de sabiduría, la gracia de un santuario,
Donde las estrellas cantaban del tiempo, y las sombras se
acumulaban,
Los espíritus de los antiguos aún bailan en este lugar.

Sus caminos se extendían como venas a través del
cuerpo de la tierra,
Conectando los latidos de la gente y la tradición,
Con llamas como guías, atravesaron lo grandioso,
Los ecos del comercio, el abrazo de los pobres.

Pero las tormentas de la ambición oscurecerían los cielos,
Con imperios colisionando, el mundo giró su rostro,
A través de valles de tristeza, a través de lágrimas y despedidas,
El espíritu inca resistiría la persecución.

Sin embargo, aún en el suelo, su legado prospera,
En las canciones de las montañas, en el calor de la arcilla,
Porque los incas son raíces, donde el corazón aún sobrevive,
Sus ecos nos encantan, tanto de noche como de día.

Recordemos las alturas que han escalado,
La sabiduría de los antiguos, la fuerza de sus manos,
Porque las civilizaciones se levantan, pero el tiempo no puede
       palidecer,
El pulso de los Andes aún recorre las tierras.

VI

Desde lo más profundo de nuestros corazones,
Nos extendemos para compartir,
En el espíritu de la conexión, respiramos el aire.
A medida que el sol se pone
Y se eleva, pintando cielos con oro,
Honramos el viaje, las historias contadas de nuevo.

En el corazón de la reunión, donde los sueños se unen,
Celebramos la unidad, un legado divino.
Porque somos los soñadores, los guardianes de la llama,
En los ecos de la historia, honramos cada nombre.

En el viaje de la vida, tejemos nuestro destino,
En los ecos del tiempo, encontramos nuestro gran lugar.
A través del lente del futuro, damos un paso hacia el amanecer,
Abrazando nuestras historias, nuestros espíritus renacen.

Porque la convergencia de las naciones es un testimonio
verdadero,
En el latido de la historia, nuestros espíritus se renuevan.
Y mientras avanzamos, con alegría y gracia,
Que la compasión sea nuestra guía
En este espacio sagrado compartido.

En el abrazo del mundo, donde la solidaridad canta,
Celebramos juntos, todo el amor que trae.
Unidos en propósito, con sueños brillando intensamente,
Luchamos por un futuro donde cada corazón tome vuelo.

En la sinfonía de la vida, que nuestras voces resuenen,
En el tapiz tejido, juntos estamos unidos.
Porque en cada latido, en cada oración susurrada,
Reside la promesa de esperanza,
Un mundo que podemos compartir.

En la convergencia de las naciones,
Con coraje, nos mantenemos,
Mano a mano, juntos,
Cuidamos esta tierra.

VII

En la cuna del tiempo,
Donde los silencios respiran,
Los susurros de la naturaleza
Se mezclan con la piedra,
En la tela de la historia,
Donde las sombras legan,
Los sueños de los antiguos,
Su esencia aún brilla.

A través de los valles de esmeralda,
Donde el cóndor planea alto,
La risa de los niños,
Un coro dulce,
En la calidez del sol,
Donde los ríos residen,
El espíritu de la hermandad,
Un vínculo que nadie derrota.

Oh, las melodías perduran,
En las canciones de la tierra,
Desde las profundidades de las montañas
Hasta las orillas del mar,
Cada nota es un recordatorio
Del renacimiento sagrado,
De los ciclos de la vida,
En su decreto sin límites.

Con cada grano de maíz,
En las manos de los sabios,
Un testamento tejido
De paciencia y gracia,
En la Danza de las Estrellas,
Donde el cosmos cumple,
La sabiduría de las edades
Encuentra refugio en el espacio.

Sin embargo, las sombras aún se reúnen,
Mientras el mundo gira de nuevo,
Con el choque de ambiciones,
Los sueños se deshilachan,
A través de los ecos del trueno,
Los latidos del corazón ganan,
En el tapiz tejido,
El pasado encuentra su camino.

En el latido de las montañas,
En el suspiro de la brisa,
El legado late,
Un río de luz,
Para que los incas perduren,
Como las raíces de los árboles,
Sus historias son inquebrantables,
Aún guiando la noche.

Reunamos los fragmentos,
Tejamos en canción,
Porque las voces de los antiguos
Se unen en nuestras venas,

En el espíritu de la lucha,
Donde los valientes aún pertenecen,
El pulso de los Andes
Permanece para siempre.

VIII

En el corazón de los Andes, donde las llamas caminan lento,
Los agricultores se levantan temprano,
con el sol en sus espaldas,
Labran la rica tierra, donde el maíz y la quinua
Brotan sueños en el suelo, como la sabiduría que falta.

Con manos ásperas como piedra, acarician el suelo cálido,
Los rituales de la siembra, las canciones que comparten,
En el bullicioso mercado, donde se encuentra la risa,
El trueque de la vida se despliega en el aire fresco de la montaña.

Los tejedores en telares, con hilos del arco iris,
Tejen historias en colores, cada patrón un cuento,
Desde lo más profundo de sus corazones,
donde los espíritus otorgan,
La esencia de la vida en cada escala intrincada.

Oh, los festivales bailan como las llamas del fuego,
Con ofrendas hechas a la gracia de la Pachamama,
En el pulso de los tambores, en los ojos llenos de deseo,
La comunidad se reúne, y cada alma encuentra su lugar.

Los sacerdotes en sus túnicas, con el sol en la frente,
Invocan al gran Inti, el dador de luz,
En templos de piedra, donde los antiguos juraban,
Honrar los ciclos que guían el día y la noche.

Sin embargo, el tiempo es un ladrón, con sus manos insaciables,
Mientras susurros de conquista descienden del cielo,
Los imperios del hambre alterarían las tierras,
Con el choque de las espadas y el humo de sus mentiras.

Pero el corazón del inca permanece como las estrellas,
En los cuentos de los ancianos, en las canciones del arroyo,
Aunque el lienzo de la historia ha sido pintado con cicatrices,
El espíritu de la hermandad eclipsa cada sueño.

Con el conocimiento de la curación, las hierbas en su mano,
Honran el equilibrio del frágil hilo de la vida,
En la risa de los niños, en la calidez de un abrazo,
La sabiduría de los ancestros aún danza adelante.

Así que no olvidemos los latidos que prosperaron,
A la sombra de los picos, donde el cóndor volaría,
Porque el pulso de los Andes, eternamente derivado,
Susurra las historias de aquellos que vinieron antes.

En las calles de Cusco, donde las piedras parecen hablar,
Los ecos de los pasos aún vagan y se entrelazan,
En el tapiz rico, donde los humildes no buscan,
Los tesoros de la vida que el corazón puede concebir.

Así, reunimos sus cuentos, como los granos en el campo,
Con reverencia y alegría, abrazamos lo que dieron,
Para que los incas perduren, su legado sellado,
En el ritmo de las montañas, nos levantamos, y somos valientes.

EL AUGE DE LOS INCAS

I

En el movimiento del tiempo, donde los ríos corren libres,
Reunimos nuestro valor y abrazamos lo que el cuidado
puede ser.
Con la fuerza de nuestras voces, nos levantamos como
una banda,
En el espíritu de servicio, extendemos nuestra mano.

El poder de la bondad, como la luz del sol al amanecer,
Nutre a los cansados y nos ayuda a seguir adelante.
En la tela de la vida, tejemos hilos de gracia,
Creando un futuro donde el amor encuentra su lugar.

Desde las profundidades de nuestras luchas, extraemos
nuestra fuerza,
En el resplandor de nuestras pasiones, perseguimos la luz.
Con una visión de justicia, marchamos por lo correcto,
En el corazón de nuestra unidad, brillamos siempre
intensamente.

Las historias que llevamos, cada una un tesoro,
En los cuentos de nuestros ancestros, encontramos nuestra
verdadera
            medida.
Con la sabiduría de las edades, nos mantenemos firmes,
En el viaje del progreso, nuestras voces resuenan.

A medida que el mundo sigue evolucionando,
los desafíos del honor son
      vastos,
Juntos seguimos adelante, aprendiendo del pasado.
En la búsqueda de la conexión, derribamos los muros,
En el espíritu de la amistad, respondemos a las llamadas.

La belleza de las culturas, diversas y profundas,
En la danza de nuestras diferencias, se encuentra la
verdadera armonía.
Con el respeto como nuestro mantra, y la paz como
nuestra guía,
Celebramos juntos, con corazones abiertos.

Porque somos los soñadores, los guardianes de la llama,
En los ecos de la historia, honramos cada nombre.
En el viaje de la vida, tejemos nuestro destino,
En los ecos del tiempo, encontramos nuestro gran lugar.

A través del lente del mañana, damos un paso hacia el
amanecer,
Abrazando nuestras historias, nuestros espíritus renacen.
Porque el legado del mañana es un testimonio verdadero,
En el latido de la historia, nuestros espíritus se renuevan.

Y mientras avanzamos, con corazones entrelazados,
Que la compasión sea nuestra guía, nuestra visión alineada.
En el abrazo del mundo, donde la unidad canta,
Celebramos juntos, todo lo que trae.

Unidos en propósito, con sueños brillando intensamente,
Luchamos por un futuro donde cada corazón tome vuelo.
En la sinfonía de la vida, que nuestras voces resuenen,
En el tapiz tejido, juntos estamos unidos.

Porque en cada latido, en cada oración susurrada,
La gente promete esperanza, un mundo que podemos ver.
En el legado del mañana, con coraje, nos mantenemos,
Mano a mano, juntos, cuidamos esta tierra.

Levantémonos, con propósito y gracia,
Para honrar nuestro viaje, para valorar cada espacio.
En la luz de la compasión, donde todos pueden pertenecer,
Cantamos juntos, para siempre nuestra canción.

A medida que las estrellas guían nuestro viaje,
iluminando la noche,
Abrazamos la aventura; nuestros espíritus toman vuelo.
Porque el mundo es un lienzo, y nosotros somos el pincel,
En la pintura de futuros, creamos con prisa.

Que el amor sea nuestra ancla, que la justicia sea nuestra guía,
En el legado del mañana, que nuestros corazones permanezcan.
Porque en cada pequeño acto, en cada bondad que
compartimos,
Construimos una base, un mundo verdaderamente justo.

En la calidez de nuestras reuniones, en los lazos que forjamos,
Llevamos la antorcha, y juntos instamos—
Porque el legado del mañana es brillante en nuestra mirada,
Y caminamos de la mano, en estos días esperanzadores.

II

En la cuna de las montañas,
Donde el sol saluda al amanecer,
Los incas aparecieron, con una visión tan grandiosa,
Desde las profundidades de los valles,
Nació un reino,
Un tapiz tejido por la mano de la naturaleza.

Con piedras cortadas en silencio,
Alcanzaron el cielo,
Una red de caminos,
Como venas a través de la tierra,
Comenzó el orgulloso corazón de Cuzco,
Sus ambiciones volarían,
Uniendo a la gente,
En paz y alegría.

Las terrazas florecieron,
Sus dedos en la arcilla,
Mientras el maíz besaba el suelo,
Y los ríos corrían claros,
Con llamas como compañeros constantes
Cada día,
Recorrieron las montañas,
Su propósito es sincero.

En la sombra del tiempo,
Donde el cóndor planeaba,
Los susurros de la sabiduría

Abrazaban cada alma,
Con dioses en los cielos,
Sus espíritus como guía,
Honraban los ciclos,
Las estaciones, el todo.

Sin embargo, las tormentas se gestaban en los horizontes,
A medida que el destino cambiaba de rostro,
Con imperios colisionando,
El equilibrio se tambalearía,
A medida que los invasores extranjeros se acercaban
A su gracia,
El corazón del Inca
Comenzó a decaer.

Pero aún en las ruinas,
Su legado prospera,
En las canciones de las llamas,
En la fuerza de la piedra,
Porque los incas son raíces,
Donde el espíritu,
Sus susurros resuenan
En el corazón de los nuestros.

Recordemos las alturas
Que han alcanzado,
La sabiduría de las edades,
La fuerza de sus manos,
Porque las civilizaciones se levantan,
Sus historias son adoradas,
Los ecos de los incas
Aún bailan a través de las tierras.

III

En el mosaico de la vida, donde cada pieza se entremezcla,
Pavimentamos un nuevo futuro, donde la compasión se alinea.
Con la fuerza de nuestras voces y el fuego en nuestras almas,
Nos levantamos por los muchos, por el objetivo común.

Los sueños que llevamos, como linternas en la oscuridad,
Nos guían a través de las sombras, encendiendo la chispa.
Con cada paso que damos, honramos el pasado,
En la esperanza del mañana, nuestros espíritus se
mantienen firmes.

Desde los valles de tristeza hasta los picos de deleite,
Viajamos juntos, a través del día y la noche.
Con la risa de los niños y la sabiduría de la edad,
Escribimos nuestra propia historia; pasamos una nueva página.

El poder de la bondad, como la lluvia en el suelo,
Nutre los corazones, y en el amor, estamos unidos.
Con una visión de justicia, marchamos con orgullo,
En el abrazo de nuestra unidad, nuestras esperanzas coinciden.

A medida que las estaciones siguen cambiando, nos
adaptamos y crecemos,
En el espíritu de aprender, valoramos el flujo.
Con corazones abiertos, escuchamos, crecemos en
nuestra gracia,
En la belleza de compartir, encontramos nuestro lugar
legítimo.

El legado que construimos, ladrillo a ladrillo,
En la base de la bondad, encontramos lo que buscamos.
Con las historias de antaño resonando claramente en
nuestras mentes,
Honramos a nuestros ancestros, los lazos que nos unen.

Porque somos los soñadores, los guardianes de la llama,
En los ecos de la historia, honramos cada nombre.
En el viaje de la vida, tejemos nuestro destino,
En los ecos del tiempo, encontramos nuestro gran lugar.

A través del lente del mañana, damos un paso hacia el amanecer,
Abrazando nuestras historias, nuestros espíritus renacen.
Porque el legado del mañana es un testimonio verdadero,
En el latido de la historia, nuestros espíritus se renuevan.

Y mientras avanzamos, con corazones entrelazados,
Que la compasión sea nuestra guía, nuestra visión alineada.
En el abrazo del mundo, donde la unidad canta,
Celebramos juntos, toda la esperanza que trae.

Unidos en propósito, con sueños brillando intensamente,
Luchamos por un futuro donde cada corazón tome vuelo.
En la sinfonía de la vida, que nuestras voces resuenen,
En el tapiz tejido, juntos estamos unidos.

Porque en cada latido, en cada oración susurrada,
Reside la promesa de esperanza, un mundo que
podemos compartir.
En el legado del mañana, con coraje, nos mantenemos,
Mano a mano, juntos, cuidamos esta tierra.

Levantémonos, con propósito y gracia,
Para honrar nuestro viaje, para valorar cada espacio.
En la luz de la compasión, donde todos pueden pertenecer,
Cantamos juntos, para siempre nuestra canción.

A medida que las estrellas guían nuestro viaje,
iluminando la noche,
Abrazamos la aventura; nuestros espíritus toman vuelo.
Porque el mundo es un lienzo, y nosotros somos el pincel,
En la pintura de futuros, creamos con prisa.

Que el amor sea nuestra ancla, que la justicia sea nuestra guía,
En el legado del mañana, que nuestros corazones
permanezcan.
Porque en cada pequeño acto, en cada bondad que
compartimos,
Construimos una base, un mundo verdaderamente justo.

En la calidez de nuestras reuniones, en los lazos que forjamos,
Llevamos la antorcha, y juntos instamos—
Porque el legado del mañana es brillante en nuestra mirada,
Y caminamos de la mano, en estos días esperanzadores.

Que cada latido del corazón resuene el llamado,
Por un mundo construido sobre la bondad, donde nos
levantamos, no caemos.
En el viaje juntos, que nuestros espíritus sean libres,
Porque el legado del mañana es una visión que vemos.

REUNIONES DE LAS CASAS LARGAS

I

En el resplandor del amanecer, donde las sombras se retiran,
Despierta una nueva era, donde la esperanza y el valor
se encuentran.
Con los susurros de promesas, continúa una brisa suave,
Damos un paso hacia el futuro, con corazones en paz.

La belleza de los comienzos, donde el pasado se entrelaza,
Con las lecciones que hemos reunido, nuestro destino se alinea.
En la danza de la creación, forjamos lo que está por venir,
Con una sinfonía de voces, unidas.

Desde las montañas de lucha hasta los ríos de paz,
Honramos nuestro viaje, donde todas las tensiones cesan.
Con la fuerza de nuestras historias, nos levantamos del suelo,
En el latido del cambio, encontramos nuestro propósito.

Los sueños de los niños, tan vívidos y brillantes,
Llevan la visión que enciende la noche.
Con su risa y valentía, iluminan el camino,
En la promesa del mañana, viven por hoy.

A medida que el tapiz se profundiza, con colores que se mezclan,
Tejemos nuestras diferencias, donde las amistades se extienden.
Con la compasión como nuestra brújula, navegamos a través,
En el sentido compartido de pertenencia, descubrimos lo
que es
        verdadero.

El poder de la unidad, como un río que fluye,
Nutre las semillas de la conexión que crece.
En el abrazo de nuestras culturas, encontramos nueva fuerza,
Con los latidos de muchos, formamos una tripulación fuerte.

Porque en cada encuentro, en la calidez de una sonrisa,
Reside la magia de la bondad que viaja cada milla.
En los ecos de la risa, en las historias que contamos,
Construimos una base donde todos pueden sobresalir.

El legado que llevamos, una antorcha pasada con cuidado,
En las manos de los esperanzados, en el amor que compartimos.
Desde las cenizas de la duda, nos levantamos una vez más,
En la luz de nuestro valor, abrimos cada puerta.

Porque somos los soñadores, los guardianes de la llama,
En los ecos de la historia, honramos cada nombre.
En el viaje de la vida, tejemos nuestro destino,
En los ecos del tiempo, encontramos nuestro lugar grande.

A través del lente del mañana, damos un paso hacia el
amanecer,
Abrazando nuestras historias, nuestros espíritus renacen.
Porque el amanecer de una nueva era es un testamento
verdadero,
En el latido de la historia, nuestros espíritus se renuevan.

Y mientras avanzamos, con corazones entrelazados,
Que la compasión sea nuestra guía, nuestra visión alineada.
En el abrazo del mundo, donde la unidad canta,
Celebramos juntos, toda la esperanza que trae.

Unidos en propósito, con sueños brillando intensamente,
Nos esforzamos por un futuro donde cada corazón tome vuelo.
En la sinfonía de la vida, que nuestras voces resuenen,
En el tapiz tejido, juntos estamos unidos.

Porque en cada latido, en cada oración susurrada,
Reside la promesa de esperanza, un mundo que podemos
compartir.
En el amanecer de esta nueva era, con valentía, nos mantenemos,
Mano a mano, juntos, nutrimos esta tierra.

Levantémonos, con propósito y gracia,
Para honrar nuestro viaje, para apreciar cada espacio.
En la luz de la compasión, donde todos pueden
pertenecer,
Cantamos juntos, para siempre nuestra canción.

A medida que el sol sube más alto, iluminando nuestro
camino,
Abrazamos la aventura, en las secuelas.
Porque el mundo es un lienzo, y nosotros somos el pincel,
En la pintura de futuros, creamos con prisa.

Que el amor sea nuestra ancla, que la justicia sea nuestra guía,
En el amanecer de una nueva era, que nuestros corazones
permanezcan.
Porque en cada pequeño acto, en cada bondad que
compartimos,
Construimos una base, un mundo verdaderamente justo.

En este nuevo capítulo, que nuestros espíritus tomen vuelo,
Con sueños entrelazados, brillaremos a través de la noche.
Porque el legado que fomentamos es un faro tan brillante,
En el amanecer de nuestro futuro, nos levantaremos con
deleite.

II

En el corazón del bosque,
Donde los altos pinos se balancean,
Bajo el gran cielo,
Sonó una llamada sagrada,
Los iroqueses se reunieron,
En la oscilación de la unidad,
Para tejer un nuevo tapiz,
Donde la esperanza cantaba brillantemente.

De los clanes del Lobo,
El Oso y la Tortuga,
Vinieron con sus voces,
Un coro de poder,
Con sabiduría tan antigua
Como el suave parpadeo de las estrellas,
Para forjar lazos de paz
En la suave luz de la mañana.

Alrededor del gran fuego,
Donde se hilaban historias,
Los ancianos hablaban suavemente,
Sus palabras como la brisa,
De las luchas y triunfos,
De batallas duramente ganadas,
De la fuerza encontrada en la unidad,
Un viaje a tomar.

"Juntos nos mantenemos",
Proclamaron los grandes líderes,
"En la cuna de la armonía,
Nuestros espíritus volarán,
A través de las pruebas del tiempo,
Nuestros nombres serán famosos,
Como guardianes de la justicia,
Con la paz en nuestro núcleo."

El wampum fue tejido,
Un cinturón de conchas brillantes,
Un símbolo de promesas,
Un compromiso a mantener,
A través de la risa y el dolor,
En las historias que cuenta,
De la fuerza de sus voces,
Del coraje tan audaz.

A la sombra de las montañas,
Donde fluyen los ríos,
La visión iroquesa
Echó raíces en la tierra,
Con respeto mutuo,
Sus espíritus crecerían,
Un legado en ascenso,
Unidos se mantienen.

Recordemos
Esta gran reunión,
El poder del diálogo,
La fuerza de sus lazos,

Porque en el corazón de la Casa Larga,
Donde se mantienen las personas libres,
Los ecos de la armonía
Aún susurran y se elevan.

III

En el corazón de nuestros pueblos, donde la gente se
encuentra,
Nos reunimos con propósito, unidos y atentos.
Con el pulso de nuestras pasiones, marchamos de la mano,
En el ritmo del progreso, tomamos una postura audaz.

Oh, el tapiz tejido, cada hilo cuenta una historia,
De resiliencia y coraje, donde los sueños nunca navegan.
En los fuegos de nuestras luchas, forjamos un nuevo camino,
Con la fuerza de nuestras voces, damos la bienvenida al día.

A medida que el sol proyecta su brillo en los rostros alrededor,
Vemos el reflejo de la esperanza, profundo.
Con la sabiduría de las edades, guiando nuestro paso,
En el abrazo de la comunidad, nuestros corazones
se abren de par en par.

Los sueños del futuro, pintados brillantes y audaces,
En las acciones que tomamos, las historias se despliegan.
Con una visión de justicia y una pasión por la paz,
Nos levantamos en el espíritu del amor que no cesará.

De los susurros de la historia, aprendemos y crecemos,
En el legado de la bondad, juntos sembramos.
Con los latidos de muchos, un coro de gracia,
Creamos un nuevo mundo, un espacio querido.

Los caminos que caminamos, con la cabeza en alto,
En el viaje de vivir, alcanzamos el cielo.
Con la luz de nuestros valores, iluminamos la noche,
En el amanecer de esta era, nuestros espíritus toman vuelo.

Porque somos los soñadores, los guardianes de la llama,
En los ecos de la historia, honramos cada nombre.
En el viaje de la vida, tejemos nuestro destino,
En los ecos del tiempo, encontramos nuestro lugar grande.

A través del lente del mañana, damos un paso hacia el amanecer,
Abrazando nuestras historias, nuestros espíritus renacen.
Porque el amanecer de una nueva era es un testamento verdadero,
En el latido de la historia, nuestros espíritus se renuevan.

Y mientras avanzamos, con corazones entrelazados,
Que la compasión sea nuestra guía, nuestra visión alineada.
En el abrazo del mundo, donde la unidad canta,
Celebramos juntos, toda la esperanza que trae.

Unidos en propósito, con sueños brillando intensamente,
Nos esforzamos por un futuro donde cada corazón tome vuelo.
En la sinfonía de la vida, que nuestras voces resuenen,
En el tapiz tejido, juntos estamos unidos.

IV

A través de la vasta extensión donde suspiran los vientos
de la pradera,
Donde el sol pinta el horizonte en tonos de oro y cielo,
Las tribus de las Llanuras se reunieron, en armonía y gracia,
Un tapiz se teje en este vasto, sagrado espacio.

Con bisontes en movimiento, bailaban con la brisa,
El llamado del búfalo resonaba entre los árboles.
Desde los Lakota hasta los Cheyenne, sus historias se
despliegan,
De coraje y parentesco, y tradiciones de antaño.

En tipis adornados con símbolos de vida,
Compartían relatos de triunfo, lucha y conflicto.
Bajo las estrellas, bajo la suave luz de la luna,
Se reunían en círculos, corazones unidos siempre.

La sabiduría de los ancianos, un tesoro profundo,
En los susurros de la naturaleza, se encontraban sus enseñanzas.
Con reverencia por la tierra, honraban cada fase,
En los ciclos de las estaciones, en los cálidos rayos del sol.

La caza era un ritual, una danza con lo salvaje,
En unidad moviéndose, como el corazón de un niño.
Con flechas y lanzas, se movían como un alma,
En el ritmo de la vida, una conexión tan completa.

Las ceremonias florecían, con canciones al cielo,
En el latido de los tambores, los ancestros se elevan.

La Danza del Sol y la Cabaña de Sudor, donde se buscaban
los espíritus,
En la búsqueda de comunión, se libraban las batallas.

Con manos artísticas moldeando de la suave arcilla de la tierra,
Pintaban sus historias, en colores que juegan.
Desde trabajos con cuentas hasta mantas, cada pieza
contaba una historia,
De la fuerza del pueblo, de los vientos que aullaban.

Los perros que apreciaban, compañeros tan queridos,
Llevaban sus espíritus, con poder y alegría.
A través de las praderas vagaban, salvajes y libres,
Las llanuras eran su lienzo, su legado.

Sin embargo, las sombras del cambio se cernían sobre la tierra,
A medida que las mareas de la historia cambiaban como arena.
Pero en el corazón de las llanuras, su espíritu aún está,
Un testamento vibrante, a través de pérdidas y ganancias.

Canta de las tribus, de su risa y canción,
De las llanuras que los abrazaron, donde realmente pertenecen.
En los susurros de las hierbas, en el aullido de la brisa,
El espíritu de las tribus de las Llanuras baila con facilidad.

Porque, aunque el tiempo pueda alterar los caminos que
recorren,
Las raíces de su cultura corren profundas, y nunca mueren.
En el corazón de las llanuras, donde se balancean las
flores silvestres,
El legado de las tribus vive, día a día.

V

En el corazón del bosque, donde los ríos corren claros,
Se erguían las casas largas robustas,
donde los parientes se reunían cerca.
Hechas de cedro, con corteza y con gracia,
Un refugio de unidad, un espacio sagrado.

Con humo elevándose suavemente de los fuegos encendidos,
La risa de los niños, las historias en flujo.
Familias entrelazadas, en armonía compartida,
En la calidez de la casa larga, sus espíritus cuidados.

El pueblo iroqués, con profunda sabiduría,
En las leyendas tejidas, se encontraba su cultura.
De la tierra y el cielo, extraían del todo,
Con una reverencia profunda por la tierra y su alma.

En consejo se reunían, los líderes hablaban,
Con la voz de muchos, los fuertes y los humildes.
La Gran Ley de la Paz, un vínculo forjado en confianza,
Una visión de equilibrio, en justicia es necesario.

Desde los campos donde el maíz extendía sus brazos al sol,
Hasta la dulce generosidad del río, su labor se hilaba.
Tres Hermanas honraban—maíz, frijoles y calabaza,
En un ciclo de dar, sus bendiciones lavaban.

Bailaban a la luz de la luna, en ceremonias brillantes,
Con canciones que resonaban en la quietud de la noche.
El espíritu de la naturaleza, en cada latido,
En el ritmo de los tambores, sus ancestros saludan.

A través de las estaciones de cambio, se mantenían lado a lado,
En la casa larga de la vida, donde sus corazones residían.
Con la sabiduría de los ancianos, transmitida a través de los años,
En la fuerza de sus voces, conquistaban sus miedos.

Pero a medida que los susurros del destino comenzaban
a acercarse,
Y las sombras del cambio parecían aproximarse,
Se aferraban a sus raíces, frente a la tormenta,
En el corazón de la casa larga, sus espíritus se mantenían
cálidos.

Así que recordemos, en los relatos que tejemos,
El legado es vibrante, los sueños que creen.
Porque las casas largas se mantienen,
       aunque el mundo pueda transformarse,
En el abrazo del pueblo, su esencia permanece cálida.

En los ecos de la historia, sus voces resuenan verdaderas,
En el corazón de la casa larga, lo viejo y lo nuevo.
Un testamento de vida, de la canción de la unidad,
En el espíritu de la casa larga, donde todas las almas
pertenecen.

SUSURROS DEL ADOBE

I

En el corazón del desierto, donde el sol se encuentra con el cielo,
El adobe susurra secretos mientras pasan los vientos.
Piedras y historias antiguas, en la tierra yacen,
Ecos de los antepasados, nunca morirán,
En el abrazo del Pueblo, donde los espíritus vuelan alto.

Los campos de maíz se extienden, bajo la cúpula azul,
Manos sembrando semillas, en la tierra que llaman hogar.
Con la luz de cada amanecer, se levantan y deambulan,
Cosechando sueños, donde los ríos salvajes espuman,
En el corazón del Pueblo, donde los búfalos vagan.

Arcilla y paja, moldeadas con cuidado,
Las paredes de adobe se elevan, en el cálido aire del desierto.
Hogares del pueblo, un refugio comunal,
Manos de generaciones, el amor que comparten,
En la calidez del Pueblo, la vida es justa.

Las kivas son profundas y sagradas, donde los ancianos rezan,
Cantos a los espíritus, guiando su camino.
Plumas y cuentas, en la danza se balancean,
Honrando la tierra, en la luz del día,
En el alma del Pueblo, las tradiciones permanecen.

Los tonos del atardecer pintan el cielo, una mezcla ardiente,
Historias junto al fuego, donde la noche se dobla.
Sabiduría de las edades, a través de las voces envían,
Lecciones del pasado, a los jóvenes prestan,

En la tradición del Pueblo, el tiempo no tiene fin.
Las águilas vuelan alto, en la vasta extensión,
Vigilando al pueblo, en un trance atemporal.
Canciones de la tierra, en la danza del corazón,
Armonía con la naturaleza, un romance sagrado,
En el espíritu del Pueblo, la vida toma una postura.

Los ríos tallan los cañones, antiguos y grandiosos,
Aguas que dan vida, moldeando la tierra.
Con cada gota que fluye, entienden,
El vínculo con la tierra, planeado para siempre,
En las venas del Pueblo, la mano de la naturaleza.

Máscaras ceremoniales, pintadas con cuidado,
Danzas de la lluvia, en el aire libre.
Oraciones por la cosecha, en las canciones que comparten,
Unidad con los elementos, sin comparación,
En la fe del Pueblo, la esperanza está allí.

La risa de los niños, en la plaza del pueblo,
Aprendiendo los caminos, con amor y cuidado.
Cuentos de los ancianos, en el aire de la tarde,
Uniendo a la comunidad, un vínculo tan raro,
En el corazón del Pueblo, todo es justo.

La luz de la luna proyecta sombras, en las paredes de adobe,
Susurros silenciosos, mientras la noche llama.
Sueños de los antepasados, en los salones estrellados,
Guiando al pueblo, a través de las caídas de la vida,
En los sueños del Pueblo, la sabiduría cautiva.

II

En la cuna de los cañones, donde el sol pinta la piedra,
Los Pueblanos florecieron, en la Tierra y en el cielo,
Con manos moldeadas de arcilla y corazones tallados de hueso,
Construyeron su mundo mientras las estaciones pasaban.

Desde las alturas de las mesas, sus viviendas surgieron,
Adobe y madera, un tapiz brillante,
Con el espíritu del maíz y la calidez de la rosa,
Bailaban con la luna en la suave noche del desierto.

Los espíritus kachina, en las historias que tejían,
Traían bendiciones de lluvia y la promesa de semillas,
En el círculo de la vida, aprendieron a creer,
Que la armonía prosperaba en el corazón de sus necesidades.

Con cerámica pintada en colores tan audaces,
Y textiles tejidos que cantaban de la tierra,
Su arte susurraba los cuentos de antaño,
De antepasados vigilantes, una mano guía.

A la sombra de los acantilados, donde los ríos fluían,
Cuidaban sus jardines, con paciencia y cuidado,
A través de las pruebas de la sequía y el frío golpe del invierno,
Su resiliencia florecía, y un vínculo fuerte y raro.

Sin embargo, el tiempo avanza, y el mundo cambia su rostro,
Los ecos de la historia, tanto tiernos como severos,
Los Pueblanos se mantienen, con su espíritu y gracia,
Un testamento de vida, una llama en la oscuridad.

Recordemos sus historias y canciones,
La sabiduría de las edades, la fuerza de sus lazos,
Porque en el corazón del desierto, donde el espíritu pertenece,
El legado Pueblano por siempre se elevará.

III

En la sinfonía de la vida, donde cada nota juega su parte,
Mezclamos nuestras aspiraciones, unidos de corazón.
Con la cadencia del propósito, marchamos de la mano,
En el ritmo del progreso, tomamos una postura audaz.

Las historias que contamos, tejidas profundamente en
nuestras almas,
De triunfo y lucha, de alcanzar nuestras metas.
En el tapiz vibrante, cada color mostrado,
Honramos nuestros viajes y las decisiones que hemos tomado.

A medida que el sol pinta el horizonte con tonos dorados,
Nos reunimos, tanto jóvenes como viejos.
Con la promesa de amistad y la fuerza de nuestros lazos,
Nos levantamos como un faro, donde la esperanza
nunca muere.

El poder de la visión, donde los sueños se entrelazan,
En la danza de la creación, nuestros espíritus se alinean.
Con cada paso juntos, derribamos los muros,
En el espíritu de la unidad, nuestro valor cautivo.

Porque los jóvenes son los líderes, sus voces tan claras,
Desafían las normas y dejan atrás cada miedo.
Con sus corazones llenos de pasión, encienden la llama,
En la búsqueda de un futuro, proclaman audazmente.

La belleza de la bondad, un lenguaje sublime,
Resuena a través de las edades, trascendiendo todo el tiempo.
En la calidez de nuestras reuniones, en la risa que
compartimos,
Creamos una base, un mundo verdaderamente justo.

Porque somos los soñadores, los guardianes de la llama,
En los ecos de la historia, honramos cada nombre.
En el viaje de la vida, tejemos nuestro destino,
En los ecos del tiempo, encontramos nuestro lugar grande.

A través del lente del mañana, damos un paso hacia el amanecer,
Abrazando nuestras historias, nuestros espíritus renacen.
Porque el amanecer de una nueva era es un testamento
verdadero,
En el latido de la historia, nuestros espíritus se renuevan.

Y mientras avanzamos, con corazones entrelazados,
Que la compasión sea nuestra guía, nuestra visión alineada.
En el abrazo del mundo, donde la unidad canta,
Celebramos juntos, toda la esperanza que trae.

Unidos en propósito, con sueños brillando intensamente,
Nos esforzamos por un futuro donde cada corazón tome vuelo.
En la sinfonía de la vida, que nuestras voces resuenen,
En el tapiz tejido, juntos estamos unidos.

Porque en cada latido, en cada oración susurrada,
Reside la promesa de esperanza, un mundo que
podemos compartir.

En el amanecer de esta nueva era, con valentía, nos
mantenemos,
Mano a mano, juntos, nutrimos esta tierra.

Levantémonos, con propósito y gracia,
Para honrar nuestro viaje, para apreciar cada espacio.
En la luz de la compasión, donde todos pueden pertenecer,
Cantamos juntos, para siempre nuestra canción.

A medida que las estrellas brillan sobre nosotros,
guiando nuestro camino,
Abrazamos cada momento, en la luz del día.
Porque el mundo es un lienzo, y nosotros somos el pincel,
En la pintura de futuros, creamos con prisa.

Que el amor sea nuestra ancla, que la justicia sea nuestra guía,
En el amanecer de una nueva era, que nuestros
corazones permanezcan.
Porque en cada pequeño acto, en cada bondad que
compartimos,
Construimos una base, un mundo verdaderamente justo.

En este nuevo capítulo, que nuestros espíritus tomen vuelo,
Con sueños entrelazados, Brillaremos a través de la noche.
Porque el legado que fomentamos es un faro tan brillante,
En el amanecer de nuestro futuro, nos levantaremos con
deleite.

IV

En tierras antiguas
Donde el sol besaba la tierra,
El pueblo Pueblano bailaba,
Celebrando su nacimiento.
Con casas de adobe,
En armonía, prosperaban,
En la cuna de los cañones,
Sus espíritus revivían.

Un tapiz tejido
De historias y canciones,
En un mundo vibrante,
Donde las culturas pertenecen.
Honraban las estaciones,
La lluvia y el sol,
En rituales sagrados,
Sus vidas se entrelazaban como una sola.

Con espíritus kachina,
Susurraban sus oraciones,
A los vientos y las montañas,
Sus esperanzas y sus cuidados.
En el remolino de la cerámica,
En el tejido del hilo,
Tradiciones transmitidas,
En los corazones de los muertos.

Reuniones Inter tribales,
Un tapiz hilado,
Donde se intercambiaban historias,
Y la risa corría.
Desde las mesas hasta los valles,
Viajaban en comercio,
Compartiendo maíz y turquesa,
En los lazos que formaban.

El comercio florecía,
A medida que las manos se encontraban
        en confianza,
En el cálido zumbido del mercado,
Sabían que eran justos.
Con cestas de cosecha,
Y herramientas finamente trabajadas,
Una comunidad prosperando,
En cada lección que enseñaban.

Con respeto por la tierra,
Vivían lado a lado,
En un mundo vibrante,
Donde los espíritus residen.
Aunque el tiempo pueda
        haber cambiado,
Y las sombras puedan caer,
Los ecos de la cultura Pueblano
Aún llaman.

Recuerda sus historias,
Su sabiduría, su gracia,
En el corazón del desierto,
Un abrazo resiliente.
Porque en cada amanecer,
Y en cada brisa,
El espíritu de los pueblos Pueblano
Vive con facilidad.

V

En la cuna del cañón,
Donde el sol ardía alto,
Donde los vientos susurraban secretos,
Y las águilas volaban,
El pueblo Pueblano florecía,
En el corazón de la tierra,
Un mosaico tejido
Por la mano de la naturaleza.

Desde los acantilados de Mesa Verde,
Sus hogares fueron tallados en piedra,
Hasta los pueblos de adobe,
Donde los parientes no estaban solos,
Con paredes gruesas y robustas,
Un refugio de conflictos,
Bailaban con las estaciones,
Abrazaban el pulso de la vida.

Los campos de maíz se extendían dorados
Bajo el vasto cielo,
Donde el espíritu del maíz sostenía
Los sueños de las alturas.
Con manos en la tierra,
Plantaban y rezaban,
En el ritmo de la cosecha,
Su gratitud se mostraba.

Con el sol como su faro,
Seguían su luz,
A través de los ciclos de la naturaleza,
Desde el amanecer hasta la noche.
Cada estación un capítulo,
Cada luna un suave aliento,
En las historias que tejían,
La vida bailaba con la muerte.

En las kivas, se reunían,
En círculos de gracia,
Donde el corazón del pueblo
Encontraba su lugar legítimo.
Con rituales sagrados,
Honraban la tierra,
En los susurros de los antepasados,
Encontraban su renacimiento.

El arte del alfarero,
Con arcilla del suelo,
En colores
Que reflejaban la belleza alrededor.
Con patrones intrincados,
Un legado hilado,
Cada vasija tiene una historia,
Cada pintura es un sol.

Los tejedores de ropa,
Con hilos finamente dibujados,
Fabricaban mantas y prendas,
A la luz del amanecer.

Con símbolos que hablaban
De las estrellas y las lluvias,
En el tejido de la cultura,
Su espíritu permanece.

A través de rutas comerciales, viajaban,
Con maíz y con piedra,
En la danza de la comunidad,
Florecían y crecían.
Desde los ríos hasta las mesas,
Sus voces cantaban,
Viviendo en armonía,
La alegría que traían.

Sin embargo, las sombras del cambio se cernían,
Como susurros del destino,
Un mundo más allá de las montañas,
Un cambio en el estado.
Pero en el corazón del Pueblo,
La resiliencia se mantenía alta,
Frente a la adversidad,
Respondieron al llamado.

Recordemos,
En los relatos que compartimos,
De la civilización Pueblo,
Su espíritu desnudo.
En los cañones y acantilados,
Donde las águilas aún vuelan,
Su legado resuena,
Por siempre y más.

En el corazón del desierto,
Donde el sol pinta el día,
El pueblo Pueblano prosperó,
A su manera única.
Una epopeya de belleza,
De coraje y gracia,
En la canción del Pueblo,
Encontramos nuestro lugar.

CANCIONES DE
LAS MAREAS COSTERAS

I

Donde el océano besa la orilla con un suspiro,
Las civilizaciones costeras surgieron de las profundidades,
Con espíritus entrelazados en la danza del cielo,
Prosperaron junto al agua, sus cosechas para recoger.

Desde los acantilados del Pacífico hasta el suave
      oleaje del Golfo,
Las tribus de la costa tejieron una vida rica y vasta,
Con canoas talladas en cedro, viajaron tan bien,
En la abundancia de las aguas, sus fortunas se echaron.

Los Tlingit y Haida, con tótems altos,
Tallaron historias de antepasados, de espíritu y orgullo,
En el ritmo de las mareas, escucharon el llamado
      de la naturaleza,
Una conexión con la Tierra que nunca se desvanecería.

A lo largo de las costas del Este,
      los Algonquinos prosperaron,
Con pesca y recolección, sus vidas se entrelazaron,
En los bosques y pantanos, sus culturas derivaron,
De los dones del mar y la tierra, bien definidos.

Los Chumash bailaban a la luz del sol,
Con conchas en sus manos
      y el océano como musa,
Sus canciones del mar,
      una celebración comenzó,

En el corazón de la costa,
     encontraron formas de elegir.
Sin embargo, las tormentas llegaron ferozmente,
     y el mundo cambió,
Con barcos en el horizonte y cambio en el aire,
La armonía se rompió, pero la resiliencia creció,
Mientras el espíritu de las costas
     continuaba cuidando.

Recordemos las mareas y las olas,
Las canciones del mar y las culturas que engendraron,
Porque en cada costa, la memoria guarda,
Los ecos de la vida costera perduran para siempre.

II

Junto a las olas susurrantes
Donde el mar se encuentra con la orilla,
El pueblo costero se reunió,
Sus espíritus ricos y centrales.
En la danza de las mareas
Y la canción de la brisa,
Honraron la tierra,
El cielo y los árboles.

Con canoas talladas en cedro,
Se aventuraron lejos,
Navegando las aguas,
Guiados por las estrellas.
En el corazón de sus aldeas,
Las hogueras ardían brillantes,
Historias de antepasados
Bailaban durante la noche.

Su cultura es un patrón,
Tejido con cuidado,
En el ritmo de los tambores
Y el aroma del aire.
Con conchas y cuentas,
Crearon su arte,
Cada pieza es un reflejo
De su espíritu y corazón.

La fe entrelazada
Con el abrazo del océano,
En ceremonias sagradas,
Encontraron su lugar.
Con ofrendas lanzadas
A las profundidades del mar,
Llamaron a los espíritus
Para guía y alegría.

Las reuniones florecieron,
Con risas y canciones,
Intercambios Inter tribales
Donde todos podían pertenecer.
Desde las costas del Pacífico
Hasta los ríos que fluyen,
El conocimiento se compartía,
Y el respeto crecía.

Con peces de las aguas
Y frutos de la tierra,
Traqueaban y comerciaban,
Unidos se mantenían.
Con la sabiduría de los ancianos,
Enseñaban y aprendían,
En los fuegos de la amistad,
Una linterna brillante ardía.

A medida que el sol se ponía
Y las estrellas llenaban la noche,
Bailaban a la luz de la luna,
Sus espíritus encendidos.

Porque en cada latido,
En cada abrazo de la marea,
El legado de los pueblos costeros
Tiene un espacio sagrado.

Así que permitamos sus historias,
Su gracia,
Los susurros del océano,
El cálido abrazo de la tierra.
Porque en cada ola
Que rompe en la arena,
Vive el espíritu de aquellos
Que una vez caminaron por esta tierra.

III

En el movimiento del tiempo, donde los ríos corren libres,
Reunimos nuestro valor y abrazamos lo que puede ser.
Con la fuerza de nuestras voces, nos levantamos como
una banda,
En el espíritu de servicio, extendemos nuestra mano.

El poder de la bondad, como la luz del amanecer,
Nutre a los cansados y nos ayuda a seguir adelante.
En el tejido de la vida, tejemos hilos de gracia,
Creando un futuro donde el amor encuentra su lugar.

Desde las profundidades de nuestras luchas, sacamos
nuestra fuerza,
En el resplandor de nuestras pasiones, perseguimos la luz.
Con una visión de justicia, marchamos por lo correcto,
En el corazón de nuestra unidad, brillamos siempre
intensamente.

Las historias que llevamos, cada una un tesoro,
En los relatos de nuestros antepasados, encontramos
nuestra verdadera medida.
Con la sabiduría de las edades, nos mantenemos firmes,
En el viaje del progreso, nuestras voces resuenan.

A medida que el mundo sigue evolucionando,
con vastos desafíos,
Juntos seguimos adelante, aprendiendo del pasado.
En la búsqueda de conexión, derribamos los muros,

En el espíritu de la amistad, respondemos a las llamadas.

La belleza de las culturas, diversas y profundas,
En la danza de nuestras diferencias, se encuentra la
verdadera armonía.
Con el respeto como nuestro mantra, y la paz como
nuestra guía,
Celebramos juntos, con corazones abiertos de par en par.

Porque somos los soñadores, los guardianes de la llama,
En los ecos de la historia, honramos cada nombre.
En el viaje de la vida, tejemos nuestro destino,
En los ecos del tiempo, encontramos nuestro lugar grande.

A través del lente del mañana, damos un paso hacia el
amanecer,
Abrazando nuestras historias, nuestros espíritus renacen.
Porque el legado del mañana es un testamento
verdadero,
En el latido de la historia, nuestros espíritus se renuevan.

Y mientras avanzamos, con corazones entrelazados,
Que la compasión sea nuestra guía, nuestra visión alineada.
En el abrazo del mundo, donde la unidad canta,
Celebramos juntos, toda la esperanza que trae.

Unidos en propósito, con sueños brillando intensamente,
Nos esforzamos por un futuro donde cada corazón tome vuelo.
En la sinfonía de la vida, que nuestras voces resuenen,
En el tapiz tejido, juntos estamos unidos.

Porque en cada latido, en cada oración susurrada,
Reside la promesa de esperanza, un mundo que
podemos compartir.
En el legado del mañana, con valentía, nos mantenemos,
Mano a mano, juntos, nutrimos esta tierra.

Levantémonos, con propósito y gracia,
Para honrar nuestro viaje, para apreciar cada espacio.
En la luz de la compasión, donde todos pueden
pertenecer,
Cantamos juntos, para siempre nuestra canción.

A medida que las estrellas guían nuestro viaje,
iluminando la noche,
Abrazamos la aventura; nuestros espíritus toman vuelo.
Porque el mundo es un lienzo, y nosotros somos el pincel,
En la pintura de futuros, creamos con prisa.

Que el amor sea nuestra ancla, que la justicia sea nuestra guía,
En el legado del mañana, que nuestros corazones
permanezcan.
Porque en cada pequeño acto, en cada bondad que
compartimos,
Construimos una base, un mundo verdaderamente justo.

En la calidez de nuestras reuniones, en los lazos que forjamos,
Llevamos la antorcha, y juntos instamos—
Porque el legado del mañana es brillante en nuestra mirada,
Y caminamos de la mano, en estos días esperanzadores.

IV

En la cuna de las olas
Donde los océanos se encuentran con la tierra,
Las tribus costeras florecieron,
Una banda resiliente.
Desde las costas del Pacífico
Hasta la vasta extensión de los Grandes Lagos,
Cada nación tiene una historia,
Cada cultura es una danza.

Los Kwakwaka'wakw,
Con máscaras talladas en leyendas,
Celebraban potlatches de esplendor,
Sus espíritus se elevaban.
Con cuentos totémicos,
Honraban a sus parientes,
En el corazón de sus reuniones,
El viaje comienza.

Los Haida,
Orgullosos tejedores de cedro y gracia,
Fabricaban canoas que deslizaban,
Un espacio sagrado y rápido.
Con arte que contaba historias de la tierra,
El cielo y el mar,
Cuidaban su herencia,
Salvaje y libre.

Los Tlingit,
Fieros guardianes
De montañas y mareas,
En clanes, se unían,
Sus tradiciones son su orgullo.
A través de rutas comerciales, viajaban,
Con tesoros en mano,
Un legado tejido,
Como hilos en la arena.

Los Chumash,
Con estrellas como guía en la noche,
Navegaban las aguas,
Su visión a la vista.
Con redes de pesca y cestas,
Prosperaban en la orilla,
Un testamento de equilibrio,
Apreciaban mucho más.

Los Salish de la costa,
Con voces que resonaban como canciones,
Se reunían en casas largas,
Donde pertenecen los espíritus.
Con salmón y bayas,
Honraban la tierra,
En ceremonias ricas,
Juntos se mantienen.

Los Wampanoag,
Que me recibieron con un abrazo abierto,
Conocían los ritmos de las estaciones,

La suave gracia de la tierra.
En campos de maíz
Y la generosidad que compartían,
Su sabiduría es un faro,
Un vínculo construido con cuidado.

Los Makah,
Que cazaban la majestuosa ballena,
Con reverencia,
Honraban el lugar de cada criatura.
Con tradiciones inquebrantables,
Su linaje es fuerte,
En el corazón de su cultura,
Han llevado adelante.

Juntas, estas tribus,
Con sus historias entrelazadas,
Crearon una civilización,
En armonía alineada.
Desde las profundidades del océano
Hasta las alturas del cielo,
Las tribus costeras florecen,
Sus espíritus nunca mueren.

Recordemos,
Los dones que dieron,
En la Danza de las Mareas,
Su legado ondea.
Porque en cada latido
Del océano y la arena,
Vive la fuerza de las tribus
Que una vez caminaron por esta tierra.

LOS RÍOS Y LAGOS ESMERALDA

I

En el corazón del laberinto esmeralda,
Donde el río canta y la jungla se balancea,
Las tribus antiguas en susurros caminan,
Con espíritus de la naturaleza, sus vidas se alimentan.

Bajo el dosel, un mundo se despliega,
Historias de antepasados, en rituales contadas,
Con plumas vibrantes y piel pintada,
Bailan con las sombras, donde la vida comienza.

En círculos sagrados, sus voces se elevan,
Al ritmo de los tambores, bajo los vastos cielos abiertos,
Ceremonias tejidas en el tejido del tiempo,
En armonía con la tierra, un ritmo sublime.

Honran al jaguar, al águila, a la serpiente,
Cada criatura un maestro, cada aliento un despertar,
Con visiones chamánicas, buscan lo no visto,
En las profundidades del bosque, donde los espíritus se
encuentran.

Su sabiduría, un tapiz, rico y profundo,
En las canciones de los ríos, sus enseñanzas abundan,
Con conocimiento de sanación, de plantas y estrellas,
Nutren el equilibrio, un regalo de lejos.

A través de los ciclos de las estaciones, sus historias perduran,
Un legado apreciado, un vínculo puro,
En la danza de las hojas, en la canción de la lluvia,
El espíritu del Amazonas reinará por siempre.

Recordemos, mientras caminamos por esta tierra,
Las tribus del Amazonas, su cultura, su valor,
Porque en cada latido, y en cada árbol,
Reside la esencia de la humanidad, salvaje y libre.

II

A la sombra de gigantes, los antiguos viven,
Pies desnudos en el suelo del bosque, susurrando orgullo,
Recogen los frutos, las bondades de la vida,
Con risas como ríos, cortando a través de la lucha,
En los brazos de la jungla, florecen, esperan.

El sol derrama su oro en las aguas de abajo,
Un espejo de sueños donde fluyen los espíritus,
Con canoas talladas de árboles, se deslizan con gracia,
Navegando las corrientes, un abrazo atemporal,
En la danza del río, sus historias otorgan.

El jaguar merodea suavemente, un guardián no visto,
En leyendas y sombras, su poder ha sido,
Llaman a la luna, a las estrellas sobre sus cabezas,
Con canciones de los antiguos, honran a los muertos,
En el pulso de lo salvaje, su espíritu sereno.

Los chamanes se reúnen, envueltos en la noche,
Con visiones de mundos que se escapan de la vista,
Beben del brebaje, en el parpadeo de la llama,
En el corazón de la oscuridad, susurran un nombre,
En el silencio de la sabiduría, buscan la luz.

Las mujeres tejen telas con hilos de la tierra,
En los colores de las puestas de sol, encuentran su valor,
Con manos como los ríos que tallan la piedra,
Crean un mosaico, una cultura propia,

En el telar de la jungla, su magia da a luz.
Los niños de la risa, con ojos brillantes como estrellas,
Persiguen sueños, dejando atrás sus cicatrices,
Con cada grito juguetón, hacen eco del pasado,
En el ritmo de la vida, su alegría es constante,
En el corazón de la tribu, su espíritu es nuestro.

Los ancianos cuentan historias junto al cálido resplandor
del fuego,
De batallas y bendiciones, del flujo y reflujo del amor,
Enseñan sobre el equilibrio, la danza de los árboles,
De los espíritus que susurran en las brisas más suaves,
En la sabiduría de las edades, su conocimiento crecerá.

Con flechas como relámpagos, protegen su dominio,
Contra los invasores que solo traen dolor,
Se mantienen con el bosque, unidos y fuertes,
En el coro de la naturaleza, cantan su canción,
En el corazón de la resistencia, su valentía permanece.

La lluvia cae como música en hojas exuberantes y verdes,
Una sinfonía sagrada, serena e invisible,
Nutre raíces que se adentran en el suelo,
En el abrazo de la tierra, trabajan y se esfuerzan,
En el pulso de la creación, sus vidas se entrelazan.

Las criaturas del crepúsculo, los susurros de la noche,
Se unen a la danza, en la luz que se desvanece suavemente,
Desde los insectos más pequeños hasta el gran aullido
del mono,
Cada ser un hilo en el gran tapiz,

En la red de la existencia, encuentran su deleite.
Los vientos llevan secretos de edades pasadas,
De risas y tristezas, del suave suspiro del amor,
En el corazón del Amazonas, donde la vida no cesa,
Tejen una conexión que les otorga liberación,
En el aliento del bosque, se elevan siempre alto.

Frente al futuro, se mantienen de la mano,
Con el pulso de la jungla, resisten ferozmente,
Aunque las tormentas puedan llegar y las sombras se ciernan,
En el corazón de su espíritu, florecen, prosperan,
En la canción del Amazonas, su legado es grandioso.

Recordemos, en nuestros viajes lejanos,
Las tribus del Amazonas, su luz como una estrella,
Porque en cada latido, y en cada árbol,
Reside la esencia de la vida, salvaje y libre,
En el corazón de la jungla, por siempre estarán.

III

En la cuna del verde donde los ríos se interconectan,
El Amazonas respira, una maravilla divina,
Con susurros de vida en las hojas que crujen,
Un tapiz tejido, donde la naturaleza cree,
En el corazón de lo salvaje, donde todo se alinea.

El jaguar merodea suavemente, una sombra al acecho,
Con ojos como dos brasas, un gruñido feroz y silencioso,
En las profundidades de la jungla, reina como un rey,
En el pulso del bosque, su espíritu toma vuelo,
En la danza de la noche, lleva el manto de la naturaleza.

El capibara se relaja junto a las orillas del arroyo,
Con un comportamiento gentil, en la luz del sol, brillan,
Mientras los monos se balancean alto en la cúpula esmeralda,
Su risa es como música, llaman a este lugar hogar,
En el reino del dosel, viven su sueño.

Las orquídeas florecen brillantemente,
como joyas en la sombra,
En tonos del arco iris, en las ramas se posan,
Con pétalos como susurros, llaman a las abejas,
En la sinfonía de colores, bailan con la brisa,
En el corazón de la jungla, su belleza se muestra.

La anaconda se desliza por aguas tan profundas,
Una guardiana de secretos, donde las sombras se arrastran,
Con gracia en cada movimiento, se desliza como un arroyo,

En las profundidades de lo salvaje, reina como un sueño,
En los ritmos de la naturaleza, su poder mantenemos.

El pico brillante del tucán rompe el silencio del amanecer,
Con un llamado que resuena, como una dulce canción
vibrante,
Vuela entre las ramas, una explosión de deleite,
En el abrazo del bosque, baila en vuelo,
En el corazón del Amazonas, donde pertenecen las maravillas.

Las plantas medicinales, con sus secretos no contados,
Guardan sabiduría de edades, en sus hojas se despliegan,
Con raíces profundas en la historia, susurran cuidado,
En las manos de los sanadores, destierran la desesperación,
En el corazón del bosque, su magia es audaz.

El río serpentea, una línea de vida tan grandiosa,
Con historias de viajes, a través de la mano suave del tiempo,
Nutre a todos, tanto a los grandes como a los pequeños,
En sus corrientes, el pulso de lo salvaje llama,
En el corazón del Amazonas, una banda sinfónica.

Los ancianos se sientan en silencio, con cuentos del pasado,
De armonía tejida, de sombras que proyectan,
Hablan del equilibrio, de la confianza sagrada de la tierra,
En los susurros de la historia, encuentran fuerza y polvo,
En el corazón de la jungla, su sabiduría perdurará.

La danza de las luciérnagas, un parpadeo de luz,
En la oscuridad, pintan estrellas, iluminando la noche,
Con los destellos más suaves, giran en el aire,

En el abrazo del crepúsculo, destierran la desesperación,
En el corazón del Amazonas, una vista mágica.

Los espíritus de la naturaleza, en cada sonido habitan,
En el crujido de las hojas, en el suave oleaje del río,
Guían al amazónico, a través del vaivén de la vida,
En el ritmo de la existencia, aprenden, crecen,
En el corazón de lo salvaje, donde las armonías se funden.

Recordemos, en nuestro viaje a través del tiempo,
Las maravillas del Amazonas, tanto humildes como sublimes,
Porque en cada latido, y en cada suspiro,
Reside un mundo que vale la pena proteger,
       donde los sueños nunca mueren,
En el corazón de este paraíso, salvaje y sublime.

IV

En las profundidades del verde donde el río serpentea bajo,
Viven las tribus del Amazonas, en el flujo de la armonía,
Los Yanomami bailan bajo la suave mirada de las estrellas,
Con líderes como Davi, sus espíritus en llamas,
En el corazón de la jungla, sus culturas otorgan.

Los Kayapo se mantienen orgullosos, con plumas en alto,
Con jefes como Tashka, que enseñan al cielo,
En sus ceremonias vibrantes, los espíritus se elevan,
A través de los susurros de los antepasados, su sabiduría vuela,
En el pulso del bosque, nunca dicen morir.

Los Tupinambá se reúnen a la luz del amanecer,
Con voces como truenos, su legado trazado,
Liderados por el feroz jefe, el gran Domingos,
En el corazón de sus rituales, el río salvaje fluye,
En el tapiz tejido, su historia nace.

Los Ashaninka prosperan, con sus historias no contadas,
En el abrazo del bosque, sus corazones son valientes y audaces,
Con líderes como Taty, aprecian la tierra,
En la danza de las estaciones, juntos se mantienen,
En el espíritu de la unidad, sus futuros se despliegan.

Los Guaraníes vagan por el exuberante laberinto esmeralda,
Con líderes como Nhanderu, que nos guían a través de
la neblina,
En las canciones de la creación, encuentran su voz,

En la armonía de la naturaleza, celebran la elección,
En el corazón de la jungla, viven en un resplandor.

Los Shipibo tejen patrones de sueños en la noche,
Con chamanes como Pablo, que invocan la luz,
En sus ceremonias sagradas, el cosmos se alinea,
A través de las visiones de los antepasados, el espíritu se
entrelaza,
En la quietud del bosque, sus almas toman vuelo.

Los guerreros Munduruku, fieros guardianes de la leyenda,
Con el jefe Turi, se mantienen en la suave orilla del río,
En las profundidades de su valentía, luchan por sus parientes,
Con flechas de justicia, la batalla comienza,
En el corazón de la resistencia, sus espíritus se elevarán.

Los Baniwa, con risas que resuenan a través de los árboles,
En los ritmos de la vida, bailan con la brisa,
Liderados por el sabio y viejo jefe, el noble Juma,
En el corazón de sus reuniones, tejen alegría como una
melodía,
En el espíritu de la unidad, su vínculo nunca huye.

El pueblo Panoan, con sus canciones de la noche,
A la luz del fuego, sus historias toman vuelo,
Con líderes como Piri, aprecian cada cuento,
En las profundidades de su linaje, sus voces prevalecen,
En el corazón del Amazonas, su legado es brillante.

Recordemos, en el silencio del tiempo,
Las tribus del Amazonas, sus culturas sublimes,
Porque en cada latido, y en cada aliento,
Reside una historia sagrada, desafiando toda muerte,
En el corazón de la selva, sus espíritus ascenderán.

V

En el reino del verde, donde las sombras se entrelazan,
El Amazonas respira vida, un ritmo divino,
Donde las tribus del bosque, en armonía prosperan,
Con una visión de asombro, mantienen vivos los sueños,
En el corazón de lo salvaje, sus espíritus se alinean.

El río, una serpiente, serpenteando a través del tiempo,
Lleva susurros de sabiduría, una rima sagrada,
A los Yanomami, les habla con un suspiro,
En sus corrientes, encuentran los espíritus que vuelan,
En la danza de sus aguas, sienten lo sublime.

El bosque, una madre, con brazos abiertos,
Acaricia a los niños, en su paso verde,
Los Kayapo honran sus dones con cada aliento,
En el círculo de la vida, encuentran belleza en la muerte,
En los ciclos de la naturaleza, se enorgullecen.

Las estrellas son sus guías, en el terciopelo de la noche,
Cada destello una historia, cada constelación una luz,
Los Tupinambá miran hacia arriba, asombrados del cielo,
Con la luna como su guardiana, donde yace el cosmos,
En la sinfonía de los cielos, encuentran su visión.

Los espíritus de los antepasados caminan con cada paso,
En el susurro de las hojas, los sienten a su lado,
Los Ashaninka escuchan, en un silencio profundo,
A los ecos de aquellos que una vez bailaron en el suelo,

En los susurros de las edades, su sabiduría no se oculta.
Los Guaraníes hablan suavemente a los vientos y los árboles,
En el lenguaje de la naturaleza, encuentran su liberación,
Con el pulso de la tierra, comparten cada aliento,
En la danza de la creación, celebran la muerte,
En el corazón de la existencia, sienten el aumento.

Los Shipibo tejen tapices, ricas historias no contadas,
En los hilos de su cultura, el viaje ha comenzado,
A través de visiones de belleza, sus espíritus toman vuelo,
En los colores de los sueños, pintan la noche brillante,
En el tejido de la vida, encuentran lo que ha comenzado.

Los guerreros Munduruku, con valentía tan audaz,
Encarnan la esencia de las leyendas contadas,
En la danza de la batalla, honran a sus parientes,
Porque la tierra es su madre, y la victoria está dentro,
En la lucha por su libertad, sus corazones son de oro puro.

El pueblo Panoan, en risa y canción,
Celebran la conexión que les hace pertenecer,
Con los espíritus de la naturaleza, bailan durante el día,
En el ritmo de la vida, encuentran alegría en el juego,
En el corazón de la jungla, sus melodías resuenan.

Juntos se reúnen, en la gracia de la unidad,
Para honrar el equilibrio, el abrazo sagrado,
En el corazón del Amazonas, donde toda la vida es una,
Su visión del mundo está tejida, como hilos en el sol,
En el círculo de la existencia, sus espíritus se entrelazan.

No olvidemos, mientras vagamos lejos,
La visión del mundo del Amazonas, una luz como una estrella,
Porque en cada latido, y en cada árbol,
Reside una visión de vida, salvaje y libre,
En el corazón de la jungla, su legado es nuestro.

ECOS DE LA TIERRA

I

A la sombra de las montañas, donde los ríos fluyen claros,
El pueblo Mapuche se reúne, sus espíritus queridos,
En el corazón de la tierra, donde el puma vaga libre,
Honran la tierra, su decreto ancestral,
En el pulso de lo salvaje, encuentran esperanza y alegría.

Con el sol como su padre, la luna como su madre,
Tejen cuentos de creación, cada historia un lazo,
El cosmos arriba habla en susurros y luz,
Guiando a los Mapuche a través del tejido de la noche,
En la danza de las estrellas, se descubren unos a otros.

La Ñuke Mapu, la Madre Tierra, es venerada,
En su abrazo, florecen, sus corazones sin miedo,
Con cada semilla sembrada, se hace una promesa,
En los ciclos de la naturaleza, sus vidas se establecen,
En la armonía de las estaciones, su sabiduría se guía.

El machi, el sanador, con conocimiento profundo,
Llama a los espíritus, donde lo sagrado se encuentra,
En el humo del copal, con oraciones, se elevan,
Al ritmo de los tambores, donde yace el mundo espiritual,
En el círculo de la ceremonia, sus voces resuenan.

El Pillan, el gran espíritu, en trueno y poder,
Guía su existencia a través del día y la noche,
Con ofrendas de comida y canciones del alma,
Buscan su protección, en la búsqueda del todo,

En el equilibrio de la naturaleza, encuentran su
verdadera luz.

El Nguillatún, una ceremonia de esperanza y paz,
Donde la gente se reúne, liberan sus penas,
Con danzas y música, honran la tierra,
En la unidad de propósito, toman una postura firme,
En el corazón de su cultura, sus espíritus aumentan.

La ruka se mantiene fuerte, un refugio de tierra,
Donde la risa y las historias dan valor a cada momento,
Con la familia alrededor, comparten pan y abrazos,
En la calidez de su hogar, encuentran espacio sagrado,
En el tejido del parentesco, descubren su nacimiento.

Los tejedores de sueños, con telares hechos con cuidado,
Crean tapices con historias vibrantes y ricas expuestas,
En colores de la naturaleza, su herencia habla,
De la fuerza de las montañas, de ríos y picos,
En cada hilo entrelazado, la historia que comparten.

Con la fuerza del cóndor, surcan el cielo,
Con la sabiduría de los ancianos, aprenden a confiar,
En los susurros de los vientos, escuchan el llamado de los
antepasados,
En el corazón de las montañas, se mantienen orgullosos y altos,
En la esencia de la libertad, cumplen audazmente.

La cosmovisión Mapuche, un círculo inquebrantable,
En la danza de la existencia, sus verdades se hablan,
En el equilibrio de la vida, donde todos los seres pertenecen,

Cantan a la tierra, en una poderosa canción,
En el corazón de lo salvaje, su legado se teje.

Recordemos, en nuestros viajes de hoy,
La rica cultura de los Mapuche, su vibrante variedad,
Porque en cada latido, y en cada árbol,
Reside una visión de vida, salvaje y libre,
En el corazón de su tierra, su espíritu permanecerá.

II

En la suave luz del amanecer, cuando el sol comienza a salir,
Los Mapuche despiertan, bajo vastos cielos abiertos,
Con el calor del fuego, se reúnen y saludan,
El ritmo de la vida en sus corazones, latido constante,
En el abrazo de la tierra, sus espíritus se elevan.

Con manos hábiles y callosas, cuidan la tierra,
Sembrando semillas del futuro con cuidado, manos gentiles,
En los campos de trigo dorado, trabajan bajo el sol,
Para la cosecha de abundancia, cada día ha comenzado,
En el ciclo de las estaciones, sus vidas están bien planificadas.

La ruka, su morada, con paredes de arcilla,
Guarda historias de familia, donde los niños ríen y juegan,
Con mantas tejidas, su calidez está asegurada,
En el corazón del hogar, sus lazos están garantizados,
En la seguridad del parentesco, encuentran alegría cada día.

A medida que el sol sube más alto, los rebaños los llaman cerca,
Con llamas y ovejas, su sustento querido,
Los guían a través de los valles, donde la hierba crece
tan exuberante,
En la quietud de la naturaleza, sus corazones sienten el silencio,
En la danza de lo salvaje, mantienen a cada criatura cerca.

Las mujeres se reúnen, con sabiduría para compartir,
En el arte del tejido, sus historias se exponen,
Con colores de la tierra, y hilos hilados con amor,

Crean patrones vibrantes, como el cielo arriba,
En el tejido del tapiz, su herencia lleva.

Los hombres forjan sus herramientas, con fuerza y orgullo,
Fabricando implementos de madera, con la naturaleza
como guía,
Desde la corteza de los árboles hasta las piedras del arroyo,
En el trabajo de sus manos, cumplen cada sueño,
En el trabajo de la vida, sus espíritus permanecen.

A medida que se acerca la noche, el fuego comienza a brillar,
Con risas y canciones, las historias fluirán,
Se reúnen en círculos, sus voces se unen,
En el corazón de su cultura, comparten la luz de la noche,
En la calidez de la comunidad, su amor otorgará.

Las estrellas brillan intensamente,
los espíritus antiguos toman vuelo,
En los susurros del viento, sienten el deleite,
Con gratitud hablada, honran el día,
En el círculo de la vida, encuentran paz en el camino,
En el corazón de los Mapuche, sus creencias brillan
intensamente.

Recordemos, mientras honramos su pasado,
Las vidas diarias vividas, en tradiciones mantenidas firmes,
Porque en cada latido, y en cada canción,
Reside un testamento de fuerza, donde realmente pertenecen,
En el legado de los Mapuche, su espíritu se mantiene firme.

III

A la sombra de las montañas donde los ríos fluyen anchos,
Los Mapuche se mantienen firmes, con orgullo ancestral,
Con espíritus inquebrantables, aprecian la tierra,
Frente a la invasión, juntos se mantienen,
En el corazón de su cultura, sus leyendas perduran.

A medida que los vientos del cambio susurran a través
de los árboles antiguos,
Sienten el peso de la historia continuada en la brisa,
Con el trueno de cascos resonando cerca,
El choque de sus mundos llena sus corazones de miedo,
En la lucha por la libertad, buscan apaciguar.

Los campos antes abundantes ahora amenazados y
desgarrados,
Por las manos de los extraños, sus espíritus desgastados,
Sin embargo, las canciones de sus ancianos, como ríos,
fluyen fuertes,
En la cadencia de los tambores, encuentran su lugar,
En el corazón de la resistencia, su fuego renace.

Con la sabiduría de los antepasados guiando su lucha,
Se reúnen en círculos, unidos en la luz,
Con la fuerza del puma, se mantienen lado a lado,
Contra las sombras oscuras que buscan dividir,
En el ritmo de la lucha, sus espíritus se encienden.

La ruka, su refugio, un símbolo de hogar,
Guarda las historias de aquellos que han vagado y deambulado,
Con cada hilo tejido, un testamento establecido,
A las vidas de su gente, los sueños que no se desvanecerán,
En el corazón de su linaje, su valentía se peina.

Las ceremonias son sagradas, con colores tan brillantes,
Son los latidos de la cultura, la fuente de su poder,
En la danza del Nguillatún, llaman a los cielos,
A los espíritus de la naturaleza, sus voces se elevan,
En la lucha por la identidad, encuentran su verdadera luz.

Aunque las fuerzas del poder puedan amenazar su camino,
Los Mapuche se aferran con fuerza, sus tradiciones a salvo,
En los susurros del viento, en el crujido de las hojas,
En la fuerza de su parentesco, su espíritu cree,
En el corazón de lo salvaje, su legado permanecerá.

Con la resolución del cóndor, surcan la lucha,
Con el pulso de la tierra, reclaman su vida,
Porque en cada latido, y en cada canción,
Reside una promesa de fuerza, donde realmente pertenecen,
En la resiliencia de los Mapuche, su espíritu abunda.

Recordemos, mientras honramos su lucha,
La lucha por la cultura, la búsqueda de la luz,
Porque en los ecos de la historia, sus historias se tejerán,
Un tapiz vibrante, para todos los que creen,
En el corazón de los Mapuche, su fuerza se encenderá.

IV

En el abrazo de los Andes, donde los picos tocan el cielo,
Los Mapuche respiran profundamente, bajo la atenta mirada
Del cóndor que se eleva, un centinela del aire,
Con valles que acunan sus historias, expuestas,
Cada región es un lienzo, donde sus espíritus vuelan alto.

En la exuberancia de la región de los lagos,
donde los ríos corren rápidamente,
Los campos florecen con promesas, una vida que es un regalo,
Con la risa de los niños resonando entre los árboles,
Y el aroma de la tierra fresca en la brisa,
Aquí, el corazón del pueblo encuentra ritmo y elevación.

En la vasta extensión árida del norte,
donde el sol brilla intensamente,
Los Mapuche se adaptan, tejiendo sombras con luz,
En la danza de los cactus, en los susurros de la arena,
Sacan fuerza de la tierra, del calor de la tierra,
En el silencio del desierto, encuentran su poder.

A orillas del océano, donde las olas besan la piedra,
Los pescadores se reúnen, lanzando redes no solos,
Con conocimiento de las mareas y los secretos que guardan,
En las profundidades del mar, sus historias se despliegan,
En el pulso del agua, sienten el gemido de los vientos.

En los bosques de Nahuelbuta, donde los árboles se alinean,
Los Mapuche buscan refugio, donde fluye el río salvaje,
Con el ritmo de la vida resonando a través del verde,
En el corazón de los bosques, sus espíritus se encuentran,
En la danza de las sombras, su legado crece.

Desde los picos hasta los valles, desde la costa hasta la llanura,
Cada vida Mapuche está tejida, como un hilo en la lluvia,
En el tapiz rico, donde las historias se entrelazan,
Honran a sus antepasados, con respeto tan divino,
En el pulso de la existencia, aprecian su ganancia.

Con la fuerza de la tierra bajo sus pies descalzos,
En la variedad de estilos de vida, sus vidas están completas,
En las canciones de las montañas, en los susurros de los árboles,
En el corazón de su cultura, encuentran sus llaves,
En el espíritu de la libertad, se levantan para competir.

Reconozcamos, mientras miramos al cielo,
A los Mapuche en todas sus formas, donde el espíritu
nunca muere,
Porque en cada región, en la gracia de cada hábitat,
Reside una belleza de vida, una historia para abrazar,
En el corazón de los Mapuche, su esencia aún vuela.

V

En la cuna de las montañas, donde los ríos tejen cuentos,
Los Mapuche hablan suavemente, en el lenguaje de las pruebas,
Con palabras como el viento, bailan por el aire,
Cada sílaba vibrante, una canción rica y rara,
En el corazón de su cultura, donde el espíritu prevalece.

Su lengua, un mosaico, de tierra, cielo y mar,
Con susurros de historia, y sueños salvajes y libres,
En la cadencia de las frases, el pasado cobra vida,
En las historias de los antepasados, sus espíritus sobreviven,
En el ritmo de la vida, su idioma guarda la clave.

A través de metáforas tejidas en el tejido de la tradición,
Los Mapuche desvelan lo que el cosmos tiene reservado,
Con leyendas de Pillan, el gran espíritu de poder,
Y el puma que merodea en las profundidades de la noche,
En el tapiz del mito, exploran sus verdades.

Desde las profundidades del bosque hasta las alturas de
los picos,
Sus historias se despliegan, en el idioma que habla,
De la Ñuke Mapu, la gracia de la Madre Tierra,
En sus brazos, encuentran consuelo, en su abrazo,
En el corazón de sus mitos, se busca lo sagrado.

El sol se eleva suavemente, un padre para todos,
En el calor de su luz, sus espíritus se mantienen altos,
Mientras la luna, la dulce madre, guía sueños desde lejos,

En la danza de los cielos, sus almas como una estrella,
En el lenguaje de la noche, sus leyendas cautivan.

La mitología Mapuche, un río que fluye,
Con cuentos de creación, donde la esencia aún crece,
Del primer hombre, la primera mujer, en armonía unidos,
En el latido de la naturaleza, su unidad se encuentra,
En la canción de la tierra, su legado brilla.

Con el águila que se eleva, y el cóndor que vuela,
En sus historias de libertad, alcanzan el cielo,
Cada palabra es una conexión, un puente al pasado,
En los susurros del tiempo, su cultura se mantiene firme,
En el lenguaje de los sueños, su espíritu desafía.

Recordemos, mientras escuchamos y aprendemos,
La singularidad de los Mapuche, en cada giro y vuelta,
Porque en cada expresión, en cada estribillo mítico,
Reside un mundo rico en significado,
donde su esencia permanece,
En el corazón de los Mapuche, su legado arde.

EL LEGADO DE LA UNIDAD

I

En el crepúsculo de nuestros viajes,
mientras nos reunimos y reflexionamos,
Honramos los caminos recorridos
y las conexiones que hemos verificado.
Con gratitud en nuestros corazones,
apreciamos los lazos,
En el legado de la unidad,
nuestro espíritu nunca muere.

Las historias que hemos tejido,
como hilos en un telar,
En el tejido de nuestras vidas,
disipamos toda la oscuridad.
Cada momento compartido
es un tesoro, una joya,
En el mosaico de la humanidad,
encontramos fuerza en nuestro tallo.

Desde la risa de los niños
hasta la sabiduría de la edad,
Aprendemos unos de otros,
pasando cada página.
En el abrazo de nuestras diferencias,
encontramos un terreno común,
En el poder de la unidad,
nuestras voces resuenan.

Los sueños que albergamos,
las visiones que vemos,
En el legado de la unidad,
moldeamos el destino.
Con manos unidas en propósito,
nos levantamos con resolución,
En la danza de la creación,
nuestros corazones evolucionan.

Porque somos los soñadores,
los guardianes de la llama,
En los ecos de la historia,
honramos cada nombre.
En el viaje de la vida,
tejemos nuestro destino,
En los ecos del tiempo,
encontramos nuestro gran lugar.

A través del lente del mañana,
damos un paso hacia el amanecer,
Abrazando nuestras historias,
nuestros espíritus renacen.
Porque un legado de unidad
está esperando prosperar,
En el latido de la esperanza,
mantenemos vivos los sueños.

Y mientras avanzamos,
con el amor como nuestra guía,
Que la compasión sea nuestro faro,
para siempre nuestro orgullo.

En el abrazo del mundo,
donde los sueños se entrelazan,
Celebramos juntos,
y nuestros espíritus se alinean.

Unidos en propósito,
nuestros sueños brillan intensamente,
Nos esforzamos por un futuro
donde cada corazón tome vuelo.
En la sinfonía de la vida,
que nuestras voces resuenen,
En el tapiz tejido,
juntos estamos unidos.

Porque en cada latido,
en cada oración susurrada,
Reside la promesa de esperanza,
un mundo que podemos compartir.
En el legado de la unidad,
con valentía, nos mantenemos,
Mano a mano, juntos,
nutrimos esta tierra.

Levantémonos,
con visión y gracia,
Para honrar nuestro viaje,
para apreciar cada espacio.
En la luz de la compasión,
donde todos pueden pertenecer,
Cantamos juntos, para siempre
nuestra canción.

A medida que las estrellas brillan sobre nosotros,
iluminando nuestros sueños,
Abrazamos la aventura,
en el flujo de nuestros ríos.
Porque el mundo es un lienzo,
y nosotros somos el pincel,
En la pintura del futuro,
nuestros espíritus se apresurarán.

Que el amor sea nuestra ancla,
que la justicia sea nuestra guía,
En el legado de la unidad,
que nuestros corazones permanezcan.
Porque en cada pequeño acto,
en cada bondad que compartimos,
Construimos una base,
un mundo verdaderamente justo.

En este capítulo de esperanza,
que nuestros espíritus tomen vuelo,
Con sueños entrelazados,
brillaremos a través de la noche.
Porque el legado que fomentamos
es un faro tan brillante,
En el legado de la unidad,
nos levantaremos con deleite.

Y mientras enfrentamos desafíos,
con valentía como nuestro escudo,
Reunimos nuestra fuerza,
negándonos a ceder.

En la danza del mañana,
donde la unidad llama,
Nos mantenemos como un testamento,
mientras la humanidad cautiva.

Caminemos hacia adelante,
con sueños en nuestro credo,
En el jardín de la bondad,
plantaremos cada semilla.
Porque juntos florecemos,
en la luz de nuestros sueños,
En el legado de la unidad,
somos más fuertes de lo que parece.

En la calidez de nuestras reuniones,
donde el amor no tiene fin,
Apreciamos cada momento,
con cada corazón, sanamos.
Porque el viaje es interminable,
y juntos nos levantamos,
En el espíritu de la esperanza,
alcanzaremos el cielo.

Que los ecos de nuestra risa
resuenen a través de los años,
Mientras construimos un nuevo mundo,
borrando todos los miedos.
Porque en el abrazo de la unidad,
enfrentaremos la tormenta,
En el legado de la unidad,
encontramos nuestra nueva forma.

Con cada acto de bondad,
plantamos semillas de cambio,
En los corazones de los dispuestos,
crecemos y organizamos.
Porque el poder de estar juntos,
en cada lucha que enfrentamos,
Es la esencia de la humanidad,
nuestra gracia salvadora compartida.

Mientras marchamos hacia el mañana,
con valentía en nuestro paso,
Llevamos el legado del amor,
de pie lado a lado.
En el legado de la unidad,
nuestros espíritus se elevarán,
Porque juntos, floreceremos,
y juntos, rugiremos.

Escribamos este capítulo,
con tinta hecha de sueños,
En la saga de nuestras vidas,
donde la esperanza brilla intensamente.
En el legado de la unidad,
encontramos nuestro verdadero núcleo,
Juntos nos levantamos,
para siempre y más.

En el abrazo de nuestras visiones,
que nuestras esperanzas se entrelacen,
En la luz de nuestro propósito,
tan vibrante, tan divino.

Porque el legado que estamos creando
es un mundo aún no visto,
En la resiliencia de la humanidad,
construiremos lo que ha sido.

Y a medida que se acerca el amanecer,
pintando cielos con nuevos tonos,
Damos un paso hacia el futuro,
listos para elegir.
Con manos unidas en unidad,
enfrentaremos lo que está por venir,
En el legado de la unidad,
abrimos cada puerta.

Avancemos, con amor
en nuestros corazones,
El viaje en el que estamos
es donde comienza cada sueño.
En el legado de la unidad,
encontramos nuestro camino claro,
Juntos, prosperaremos,
dejando de lado cada miedo.

Con cada susurro de bondad,
cada grito de deleite,
Creamos un nuevo futuro,
donde todos pueden unirse.
En el legado de la unidad,
nuestra historia se despliega,
En el abrazo de la humanidad,
nuestros sueños serán contados.

II

En el transcurso del tiempo, donde viven los recuerdos,
Tejemos los hilos de la risa, con el amor como nuestra guía.
Cada momento una joya, cada experiencia una canción,
En el legado de la unidad, sabemos que pertenecemos.

La fuerza de nuestra unidad, una fuerza para contemplar,
En la calidez de nuestras reuniones, convertimos sueños
en oro.
Con cada mano que sostenemos, y cada corazón que
compartimos,
Construimos una base, un mundo que reparamos.

Desde las cenizas de la lucha, nos levantamos siempre fuertes,
En el coro de la humanidad, todos cantamos juntos.
Con el poder de nuestras voces, desafiamos la contienda,
En el legado de la unidad, celebramos la vida.

Los sueños del mañana, tan vívidos y claros,
En el corazón de nuestro viaje, desterramos todo miedo.
Con la esperanza como nuestra brújula, navegamos el mar,
En el legado de la unidad, somos verdaderamente libres.

Porque somos los soñadores, los guardianes de la llama,
En los ecos de la historia, honramos cada nombre.
En el viaje de la vida, tejemos nuestro destino,
En los ecos del tiempo, encontramos nuestro lugar grande.

A través del lente del mañana, damos un paso hacia el
amanecer,
Abrazando nuestras historias, nuestros espíritus renacen.
Porque un legado de unidad está esperando prosperar,
En el latido de la esperanza, mantenemos vivos los sueños.

Y mientras avanzamos, con el amor como nuestra guía,
Que la compasión sea nuestro faro, para siempre
nuestro orgullo.
En el abrazo del mundo, donde los sueños se entrelazan,
Celebramos juntos, y nuestros espíritus se alinean.

Unidos en propósito, nuestros sueños brillan intensamente,
Nos esforzamos por un futuro donde cada corazón tome vuelo.
En la sinfonía de la vida, que nuestras voces resuenen,
En el tapiz tejido, juntos estamos unidos.

Porque en cada latido, en cada oración susurrada,
Reside la promesa de esperanza, un mundo que
podemos compartir.
En el legado de la unidad, con valentía, nos mantenemos,
Mano a mano, juntos, nutrimos esta tierra.

Levantémonos, con visión y gracia,
Para honrar nuestro viaje, para apreciar cada espacio.
En la luz de la compasión, donde todos pueden pertenecer,
Cantamos juntos, para siempre nuestra canción.

A medida que las estrellas brillan sobre nosotros,
        iluminando nuestros sueños,
Abrazamos la aventura, en el flujo de nuestros ríos.

Porque el mundo es un lienzo, y nosotros somos el pincel,
En la pintura del futuro, nuestros espíritus se apresurarán.

Que el amor sea nuestra ancla, que la justicia sea nuestra guía,
En el legado de la unidad, que nuestros corazones
permanezcan.
Porque en cada pequeño acto, en cada bondad que
compartimos,
Construimos una base, un mundo verdaderamente justo

III

En el latido de nuestras reuniones, donde se crean recuerdos,
Encontramos los hilos de conexión que nunca se desvanecerán.
Con cada sonrisa compartida y cada historia intercambiada,
En el legado de la unidad, nuestras vidas se reorganizan.

La fuerza en nuestras voces, cuando unidos nos mantenemos,
En el coro de la humanidad, alcanzamos cada mano.
Con la empatía como nuestra ancla, enfrentamos la tormenta,
En el legado de la unidad,
encontramos nuestra verdadera forma.

Desde los ecos de la risa hasta el silencio de las lágrimas,
Cada momento apreciamos, cada alegría que aparece.
En el tapiz de la vida, tejemos amor en el hilo,
En el legado de la unidad, nuestros espíritus se alimentan.

Porque somos los soñadores, los guardianes de la llama,
En los ecos de la historia, honramos cada nombre.
En el viaje de la vida, tejemos nuestro destino,
En los ecos del tiempo, encontramos nuestro lugar grande.

A través del lente del mañana, damos un paso hacia el amanecer,
Abrazando nuestras historias, nuestros espíritus renacen.
Porque un legado de unidad está esperando prosperar,
En el latido de la esperanza, mantenemos vivos los sueños.

En este capítulo de esperanza, que nuestros espíritus tomen
vuelo,

Con sueños entrelazados, brillaremos a través de la noche.
Porque el legado que fomentamos es un faro tan brillante,
En el legado de la unidad, nos levantaremos con deleite.

Y mientras enfrentamos desafíos, con valentía como
nuestro escudo,
Reunimos nuestra fuerza, negándonos a ceder.
En la danza del mañana, donde la unidad llama,
Nos mantenemos como un testamento, mientras la
humanidad cautiva.

Caminemos hacia adelante, con sueños en nuestro credo,
En el jardín de la bondad, plantaremos cada semilla.
Porque juntos florecemos, en la luz de nuestros sueños,
En el legado de la unidad, somos más fuertes de lo que parece.

En la calidez de nuestras reuniones, donde el amor no tiene fin,
Apreciamos cada momento, con cada corazón, sanamos.
Porque el viaje es interminable, y juntos nos levantamos,
En el espíritu de la esperanza, alcanzaremos el cielo.

Que los ecos de nuestra risa resuenen a través de los años,
Mientras construimos un nuevo mundo,
                borrando todos los miedos.
Porque en el abrazo de la unidad, enfrentaremos la tormenta,
En el legado de la unidad, encontramos nuestra nueva forma.

Con cada acto de bondad, plantamos semillas de cambio,
En los corazones de los dispuestos, crecemos y organizamos.
Porque el poder de estar juntos, en cada lucha que
enfrentamos,

Es la esencia de la humanidad, nuestra gracia salvadora compartida.

Mientras marchamos hacia el mañana,
        con valentía en nuestro paso,
Llevamos el legado del amor, de pie lado a lado.
En el legado de la unidad, nuestros espíritus se elevarán,
Porque juntos, floreceremos, y juntos, rugiremos.

Escribamos este capítulo, con tinta hecha de sueños,
En la saga de nuestras vidas, donde la esperanza brilla intensamente.
En el legado de la unidad, encontramos nuestro verdadero núcleo,
Juntos nos levantamos, para siempre y más.

En el abrazo de nuestras visiones,
        que nuestras esperanzas se entrelacen,
En la luz de nuestro propósito, tan vibrante, tan divino.
Porque el legado que estamos creando
        es un mundo aún no visto,
En la resiliencia de la humanidad, construiremos lo que ha sido.

Y a medida que se acerca el amanecer,
        pintando cielos con nuevos tonos,
Damos un paso hacia el futuro, listos para elegir.
Con manos unidas en unidad, enfrentaremos lo que está por venir,
En el legado de la unidad, abrimos cada puerta.

Avancemos, con amor en nuestros corazones,
El viaje en el que estamos es donde comienza cada sueño.
En el legado de la unidad, encontramos nuestro camino claro,
Juntos, prosperaremos, dejando de lado cada miedo.

Con cada susurro de bondad, cada grito de deleite,
Creamos un nuevo futuro, donde todos pueden unirse.
En el legado de la unidad, nuestra historia se despliega,
En el abrazo de la humanidad, nuestros sueños serán contados.

Y mientras reflexionamos sobre el viaje, la risa, las lágrimas,
Llevaremos las lecciones, las esperanzas de los años.
En el legado de la unidad, encontramos fuerza renovada,
En los lazos que nos conectan, en el verdadero amor.

Apreciemos los momentos, tanto grandes como pequeños,
Porque juntos nos levantamos, unidos nos mantenemos altos.
En el legado de la unidad, que nuestros espíritus vuelen libres,
Mientras construimos un futuro brillante, para ti y para mí.

IV

En el resplandor de nuestra unidad,
     donde los corazones se entrelazan,
Creamos un mañana vibrante y fino.
Con las lecciones del pasado guiando nuestro camino,
En el legado de la unidad, abrazamos cada nuevo día.

La belleza de la compasión, una luz que podemos compartir,
En el viaje de la vida, mostramos que nos importa.
Con cada mano extendida, levantamos a otros alto,
En el tejido de la unidad, nuestras esperanzas se amplifican.

Desde los ecos de la bondad que se propagan
     a través del tiempo,
Encontramos fuerza en nuestras voces, una rima poderosa.
En la sinfonía de la risa y el silencio de las lágrimas,
En el legado de la unidad, conquistamos nuestros miedos.

Porque somos los soñadores, los guardianes de la llama,
En los ecos de la historia, honramos cada nombre.
En el viaje de la vida, tejemos nuestro destino,
En los ecos del tiempo, encontramos nuestro lugar grande.

A través del lente del mañana,
     damos un paso hacia el amanecer,
Abrazando nuestras historias, nuestros espíritus renacen.
Porque un legado de unidad está esperando prosperar,
En el latido de la esperanza, mantenemos vivos los sueños.

Y mientras avanzamos, con el amor como nuestra guía,
Que la compasión sea nuestro faro, para siempre
nuestro orgullo.
En el abrazo del mundo, donde los sueños se entrelazan,
Celebramos juntos, y nuestros espíritus se alinean.

Unidos en propósito, nuestros sueños brillan intensamente,
Nos esforzamos por un futuro donde cada corazón tome vuelo.
En la sinfonía de la vida, que nuestras voces resuenen,
En el tapiz tejido, juntos estamos unidos.

Porque en cada latido, en cada oración susurrada,
Reside la promesa de esperanza, un mundo que podemos
compartir.
En el legado de la unidad, con valentía, nos mantenemos,
Mano a mano, juntos, nutrimos esta tierra.

Levantémonos, con visión y gracia,
Para honrar nuestro viaje, para apreciar cada espacio.
En la luz de la compasión, donde todos pueden pertenecer,
Cantamos juntos, para siempre nuestra canción.

A medida que las estrellas brillan sobre nosotros,
iluminando nuestros
            sueños,
Abrazamos la aventura, en el flujo de nuestros ríos.
Porque el mundo es un lienzo, y nosotros somos el pincel,
En la pintura del futuro, nuestros espíritus se apresurarán.

Que el amor sea nuestra ancla, que la justicia sea nuestra guía,
En el legado de la unidad, que nuestros corazones permanezcan.
Porque en cada pequeño acto, en cada bondad que
      compartimos,
Construimos una base, un mundo verdaderamente justo.

En este capítulo de esperanza, que nuestros espíritus
tomen vuelo,
Con sueños entrelazados, brillaremos a través de la noche.
Porque el legado que fomentamos es un faro tan brillante,
En el legado de la unidad, nos levantaremos con deleite.

Y mientras enfrentamos desafíos,
      con valentía como nuestro escudo,
Reunimos nuestra fuerza, negándonos a ceder.
En la danza del mañana, donde la unidad llama,
Nos mantenemos como un testamento,
      mientras la humanidad cautiva.

Caminemos hacia adelante, con sueños en nuestro credo,
En el jardín de la bondad, plantaremos cada semilla.
Porque juntos florecemos, en la luz de nuestros sueños,
En el legado de la unidad, somos más fuertes de lo que parece.

En la calidez de nuestras reuniones, donde el amor no tiene fin,
Apreciamos cada momento, con cada corazón, sanamos.
Porque el viaje es interminable, y juntos nos levantamos,
En el espíritu de la esperanza, alcanzaremos el cielo.

Que los ecos de nuestra risa resuenen a través de los años,
Mientras construimos un nuevo mundo, borrando todos
los miedos.
Porque en el abrazo de la unidad, enfrentaremos la tormenta,
En el legado de la unidad, encontramos nuestra nueva forma.

Con cada acto de bondad, plantamos semillas de cambio,
En los corazones de los dispuestos, crecemos y organizamos.
Porque el poder de estar juntos, en cada lucha que enfrentamos,
Es la esencia de la humanidad,
                nuestra característica redentora compartida.

Mientras marchamos hacia el mañana, con valentía en
nuestro paso,
Llevamos el legado del amor, de pie lado a lado.
En el legado de la unidad, nuestros espíritus se elevarán,
Porque juntos, floreceremos, y juntos, rugiremos.

Escribamos este capítulo, con tinta hecha de sueños,
En la saga de nuestras vidas, donde la esperanza brilla
                intensamente.
En el legado de la unidad, ncontramos nuestro verdadero
                núcleo,
Juntos nos levantamos, para siempre y más.

En el abrazo de nuestras visiones, que nuestras esperanzas se
                entrelacen,
En la luz de nuestro propósito, tan vibrante, tan divino.
Porque el legado que estamos creando es un mundo aún
no visto,
En la resiliencia de la humanidad, construiremos lo que ha sido.

Y a medida que se acerca el amanecer, pintando cielos con
    nuevos tonos,
Damos un paso hacia el futuro, listos para elegir.
Con manos unidas en unidad, enfrentaremos lo que está por
    venir,
En el legado de la unidad, abrimos cada puerta.

Avancemos, con amor en nuestros corazones,
El viaje en el que estamos es donde comienza cada sueño.
En el legado de la unidad, encontramos nuestro camino claro,
Juntos, prosperaremos, dejando de lado cada miedo.

Con cada susurro de bondad, cada grito de deleite,
Creamos un nuevo futuro, donde todos pueden unirse.
En el legado de la unidad, nuestra historia se despliega,
En el abrazo de la humanidad, nuestros sueños serán contados.

Y mientras reflexionamos sobre el viaje, la risa, las lágrimas,
Llevaremos las lecciones, las esperanzas de los años.
En el legado de la unidad, encontramos fuerza renovada,
En los lazos que nos conectan, en el verdadero amor.

Apreciemos los momentos, tanto grandes como pequeños,
Porque juntos nos levantamos, unidos nos mantenemos altos.
En el legado de la unidad, que nuestros espíritus vuelen libres,
Mientras construimos un futuro brillante, para ti y para mí.

V

En el corazón del momento, donde florecen las posibilidades,
Cultivamos nuestros futuros, disipando la oscuridad.
Con cada paso dado, bailamos en la tierra,
En la resiliencia de la humanidad, celebramos el renacimiento.

El poder de la bondad, una fuerza suave y gentil,
Fluye a través de nuestras acciones, trazando un curso.
En la calidez de nuestros gestos, sanamos y restauramos,
Con el amor como nuestro idioma, abrimos cada puerta.

De las luchas que hemos soportado,
nos levantamos con resolución,
Frente a la adversidad, nuestra valentía evoluciona.
Con la fuerza de nuestras voces, desafiamos la noche,
En el espíritu de la unidad, defendemos lo que es correcto.

La belleza de compartir, nuestras alegrías y nuestras lágrimas,
En el tapiz de la vida, tejemos a través de los años.
Con cada historia hablada, sembramos semillas de cambio,
En el Jardín de la Esperanza, encontramos lo que no es
extraño.

Porque somos los soñadores, los guardianes de la llama,
En los ecos de la historia, honramos cada nombre.
En el viaje de la vida, tejemos nuestro destino,
En los ecos del tiempo, encontramos nuestro lugar grande.

A través del lente del mañana,
damos un paso hacia el amanecer,
Abrazando nuestras historias, nuestros espíritus renacen.
Porque la resiliencia de la humanidad es un testamento
verdadero,
En el latido de la lucha, nuestra fuerza brillará.

Y mientras avanzamos, con corazones entrelazados,
Que la compasión sea nuestra guía, nuestra visión alineada.
En el abrazo del mundo, donde la unidad canta,
Celebramos juntos, toda la esperanza que trae.

Unidos en propósito, con sueños brillando intensamente,
Nos esforzamos por un futuro donde cada corazón tome vuelo.
En la sinfonía de la vida, que nuestras voces resuenen,
En el tapiz tejido, juntos estamos unidos.

Porque en cada latido, en cada oración susurrada,
Reside la promesa de esperanza, un mundo que
podemos compartir.
En la resiliencia de la humanidad, con valentía,
nos mantenemos,
Mano a mano, juntos, nutrimos esta tierra.

Levantémonos, con propósito y gracia,
Para honrar nuestro viaje, para apreciar cada espacio.
En la luz de la compasión, donde todos pueden pertenecer,
Cantamos juntos, para siempre nuestra canción.

A medida que las estrellas brillan sobre nosotros,
iluminando nuestro camino,
Abrazamos cada momento, en la luz del día.
Porque el mundo es un lienzo, y nosotros somos el pincel,
En la pintura de futuros, creamos con prisa.

Que el amor sea nuestra ancla, que la justicia sea nuestra guía,
En la resiliencia de la humanidad, que nuestros
corazones permanezcan.
Porque en cada pequeño acto, en cada bondad que
compartimos,
Construimos una base, un mundo verdaderamente justo.

En este capítulo de valentía, que nuestros espíritus
tomen vuelo,
Con sueños entrelazados, brillaremos a través de la noche.
Porque el legado que fomentamos es un faro tan brillante,
En la resiliencia de la humanidad, nos levantaremos con
deleite.

Y mientras enfrentamos desafíos, con la esperanza como
nuestro escudo,
Reunimos nuestra fuerza, negándonos a ceder.
En la danza del mañana, donde la unidad llama,
Nos mantenemos como un testamento, mientras la
humanidad cautiva.

Caminemos hacia adelante, con la resiliencia como
nuestro credo,
En el jardín de la bondad, plantaremos cada semilla.
Porque juntos florecemos, en la luz de nuestros sueños,

En la resiliencia de la humanidad, somos más fuertes de
lo que parece.

En la calidez de nuestras reuniones,
donde el amor no tiene fin,
Apreciamos cada momento, con cada corazón, sanamos.
Porque el viaje es interminable, y juntos nos levantamos,
En el espíritu de la esperanza, alcanzaremos el cielo.

Que los ecos de nuestra risa resuenen a través de los años,
Mientras construimos un nuevo mundo, borrando todos
los miedos.
Porque en el abrazo de la unidad, enfrentaremos la tormenta,
En la resiliencia de la humanidad, encontramos nuestra
nueva forma.

Con cada acto de bondad, plantamos semillas de cambio,
En los corazones de los dispuestos, crecemos y organizamos.
Porque el poder de estar juntos, en cada lucha que
enfrentamos,
Es la esencia de la humanidad, nuestra cualidad
redentora compartida.

Mientras marchamos hacia el mañana,
con valentía en nuestro paso,
Llevamos el legado del amor, de pie lado a lado.
En la resiliencia de la humanidad, nuestros espíritus se elevarán,
Porque juntos, floreceremos, y juntos, rugiremos.

Escribamos este capítulo, con tinta hecha de sueños,
En la saga de nuestras vidas, donde la esperanza brilla
intensamente.
En la resiliencia de la humanidad, encontramos nuestro
verdadero núcleo,
Juntos nos levantamos, para siempre y más.

A medida que reunimos nuestras historias, que resuenen
y suenen,
En los corazones de los esperanzados, que la libertad
tome vuelo.
El viaje en el que estamos es una búsqueda compartida y
sagrada,
En la resiliencia de la humanidad, encontramos nuestro
gran descanso.

En el abrazo de nuestros vecinos, en el amor que
compartimos,
Construimos un nuevo futuro, con compasión y cuidado.
Porque cada pequeño esfuerzo, cada mano que prestamos,
En la resiliencia de la humanidad, sabemos que trascenderemos.

LA RESILIENCIA
DE LA HUMANIDAD

I

En el corazón de la lucha, donde las sombras pueden acechar,
Reunimos nuestro valor, disipando la oscuridad.
Con la fuerza de nuestros espíritus, nos levantamos de la caída,
En la resiliencia de la humanidad, respondemos a la llamada.

Las pruebas que enfrentamos, como tormentas en la noche,
Sin embargo, dentro de nosotros, un fuego se enciende
con pura luz.
En las profundidades de nuestro dolor, descubrimos
nuestra fuerza,
Porque juntos nos mantenemos firmes en la lucha.

De las cenizas de la adversidad, florecemos de nuevo,
En los jardines de la esperanza, donde las flores rompen.
Con las lecciones de paciencia, cultivamos la gracia,
En el viaje de la sanación, encontramos nuestro lugar adecuado.

Las voces de muchos, un coro tan fuerte,
En la sinfonía de la vida, todos participamos.
Con cada historia compartida, desenterramos el dolor,
Y en el acto de compasión, encontramos la alegría de nuevo.

A medida que el mundo sigue evolucionando,
con sus giros y vueltas,
Aprendemos de las luchas; de los puentes que quemamos.
Con el corazón de un guerrero, marchamos lado a lado,
Frente a la injusticia, nuestro valor no se esconderá.

La belleza de la amistad, forjada en el fuego,
En los momentos de debilidad, nos levantamos más alto.
Con las manos entrelazadas, resistimos la tormenta,
En el abrazo de nuestra unidad, encontramos nuestra
verdadera forma.

Porque somos los soñadores, los guardianes de la llama,
En los ecos de la historia, honramos cada nombre.
En el viaje de la vida, tejemos nuestro destino,
En los ecos del tiempo, encontramos nuestro gran lugar.

A través del lente del mañana, avanzamos hacia el amanecer,
Abrazando nuestras historias, nuestros espíritus renacen.
Porque la resiliencia de la humanidad es un verdadero
testimonio,
En el latido de la lucha, nuestra fuerza brillará.

Y mientras avanzamos, con corazones entrelazados,
Que la compasión sea nuestra guía, nuestra visión alineada.
En el abrazo del mundo, donde la unidad canta,
Celebramos juntos, toda la esperanza que trae.

Unidos en propósito, con sueños brillando,
Luchamos por un futuro donde cada corazón pueda volar.
En la sinfonía de la vida, que nuestras voces resuenen,
En el tapiz tejido, juntos estamos unidos.

Porque en cada latido, en cada oración susurrada,
Reside la promesa de esperanza, un mundo que
podemos compartir.
En la resiliencia de la humanidad, con valor, nos mantenemos,
Mano a mano, juntos, nutrimos esta tierra.

Levantémonos, con propósito y gracia,
Para honrar nuestro viaje, para apreciar cada espacio.
En la luz de la compasión, donde todos pueden pertenecer,
Cantamos juntos, para siempre nuestra canción.

Mientras las estrellas brillan sobre nosotros,
iluminando nuestro
            camino,
Abrazamos cada momento, en la luz del día.
Porque el mundo es un lienzo, y nosotros somos el pincel,
En la pintura de futuros, creamos con prisa.

II

En el caos de la lucha, donde hemos resistido la tormenta,
Encontramos fuerza en el otro, en los lazos que nos
mantienen cálidos.
Con cada lágrima derramada, y cada triunfo que reclamamos,
Honramos nuestro viaje, y apreciamos cada nombre.

Los ecos de la risa, frente a la contienda,
Nos recuerdan la alegría, la esencia de la vida.
En los momentos de oscuridad, brillamos siempre brillantes,
Porque en el abrazo de la unidad, encendemos la luz.

Desde las profundidades de la desesperación,
nos levantamos renovados,
Con el poder de la esperanza, nuestros espíritus están imbuidos.
Frente a la adversidad, reunimos nuestra fuerza,
Con la resiliencia como armadura,
defendemos lo que es correcto.

Las lecciones de la historia nos guían cada día,
En los pasos de aquellos que han forjado el camino.
Con la sabiduría de las edades, llevamos la antorcha,
En el fuego de nuestra pasión, nunca nos quemaremos.

Porque somos los soñadores, los guardianes de la llama,
En los ecos de la historia, honramos cada nombre.
En el viaje de la vida, tejemos nuestro destino,
En los ecos del tiempo, encontramos nuestro gran lugar.

A través del lente del mañana, avanzamos hacia el amanecer,
Abrazando nuestras historias, nuestros espíritus renacen.
Porque la resiliencia de la humanidad es un verdadero
testimonio,
En el latido de la lucha, nuestra fuerza brillará.

Y mientras avanzamos, con corazones entrelazados,
Que la compasión sea nuestra guía, nuestra visión alineada.
En el abrazo del mundo, donde la unidad canta,
Celebramos juntos, toda la esperanza que trae.

Unidos en propósito, con sueños brillando,
Luchamos por un futuro donde cada corazón pueda volar.
En la sinfonía de la vida, que nuestras voces resuenen,
En el tapiz tejido, juntos estamos unidos.

Porque en cada latido, en cada oración susurrada,
Reside la promesa de esperanza, un mundo que
podemos compartir.
En la resiliencia de la humanidad, con valor, nos mantenemos,
Mano a mano, juntos, nutrimos esta tierra.

Levantémonos, con propósito y gracia,
Para honrar nuestro viaje, para apreciar cada espacio.
En la luz de la compasión, donde todos pueden pertenecer,
Cantamos juntos, para siempre nuestra canción.

Mientras las estrellas brillan sobre nosotros,
iluminando nuestro camino,
Abrazamos cada momento, en la luz del día.
Porque el mundo es un lienzo, y nosotros somos el pincel,
En la pintura de futuros, creamos con prisa.

Que el amor sea nuestra ancla, que la justicia nuestra guía,
En la resiliencia de la humanidad,
que nuestros corazones habiten.
Porque en cada pequeño acto,
en cada amabilidad que compartimos,
Construimos una base, un mundo verdaderamente justo.

En este capítulo de coraje, que nuestros espíritus tomen vuelo,
Con sueños entrelazados, brillaremos a través de la noche.
Porque el legado que fomentamos es un faro tan brillante,
En la resiliencia de la humanidad, nos levantaremos con deleite.

Y mientras enfrentamos desafíos,
con la esperanza como nuestro escudo,
Reunimos nuestra fuerza, negándonos a ceder.
En el baile del mañana, donde la unidad llama,
Nos mantenemos como un testamento, mientras la
humanidad encanta.

Caminemos hacia adelante,
con la resiliencia como nuestro credo,
En el jardín de la bondad, plantaremos cada semilla.
Porque juntos florecemos, a la luz de nuestros sueños,
En la resiliencia de la humanidad, somos más fuertes de
lo que parece.

En la calidez de nuestras reuniones,
donde el amor no tiene fin,
Apreciamos cada momento, con cada corazón, sanamos.
Porque el viaje es interminable, y juntos nos levantamos,
En el espíritu de la esperanza, alcanzaremos los cielos.

Con cada mano levantada, cada voz alzada en canción,
Creamos un nuevo futuro, donde todos pueden pertenecer.
En la resiliencia de la humanidad,
encontramos nuestra verdadera fuerza,
Juntos nos mantenemos, mientras abrazamos la luz.

Que los ecos de nuestra risa resuenen a través de los años,
Mientras construimos un nuevo mundo,
borrando todos los miedos.
Porque en el abrazo de la unidad, resistiremos la tormenta,
En la resiliencia de la humanidad,
encontramos nuestra nueva forma.

III

En el tejido de nuestras vidas, tejido con cuidado,
Encontramos fuerza en nuestras historias, en el amor que
    compartimos.
Con cada desafío enfrentado, y cada montaña que escalamos,
Creamos una nueva narrativa, trascendiendo todo el tiempo.

La belleza de la unión, una fuerza para contemplar,
En la calidez de nuestras reuniones, convertimos la plata
en oro.
Con el espíritu de la bondad iluminando cada corazón,
Nos levantamos como una familia, nunca nos separamos.

De las lecciones de ayer, reunimos nuestra fuerza,
Con el valor de mantenernos firmes, de desafiar la noche.
Frente a la injusticia, levantamos nuestras fuertes voces,
Porque en la unidad de propósito, tomamos las
decisiones correctas.

Los sueños de muchos, cada uno único y profundo,
En la sinfonía de la vida, encontramos nuestra armonía.
Con el poder de la empatía, vemos a través de los ojos del otro,
En el baile del entendimiento, aprendemos a ser sabios.

Porque somos los soñadores, los guardianes de la llama,
En los ecos de la historia, honramos cada nombre.
En el viaje de la vida, tejemos nuestro destino,
En los ecos del tiempo, encontramos nuestro gran lugar.

A través del lente del mañana, avanzamos hacia el amanecer,
Abrazando nuestras historias, nuestros espíritus renacen.
Porque la resiliencia de la humanidad es un verdadero
testimonio,
En el latido de la lucha, nuestra fuerza brillará.

Y mientras avanzamos, con corazones entrelazados,
Que la compasión sea nuestra guía, nuestra visión alineada.
En el abrazo del mundo, donde la unidad canta,
Celebramos juntos, toda la esperanza que trae.

Unidos en propósito, con sueños brillando,
Luchamos por un futuro donde cada corazón pueda volar.
En la sinfonía de la vida, que nuestras voces resuenen,
En el tapiz tejido, juntos estamos unidos.

Porque en cada latido, en cada oración susurrada,
Reside la promesa de esperanza, un mundo que
podemos compartir.
En la resiliencia de la humanidad, con valor, nos mantenemos,
Mano a mano, juntos, nutrimos esta tierra.

Levantémonos, con propósito y gracia,
Para honrar nuestro viaje, para apreciar cada espacio.
En la luz de la compasión, donde todos pueden pertenecer,
Cantamos juntos, para siempre nuestra canción.

Mientras las estrellas brillan sobre nosotros, iluminando nuestro
      camino,
Abrazamos cada momento, en la luz del día.
Porque el mundo es un lienzo, y nosotros somos el pincel,
En la pintura de futuros, creamos con prisa.

Que el amor sea nuestra ancla, que la justicia nuestra guía,
En la resiliencia de la humanidad, que nuestros
corazones habiten.
Porque en cada pequeño acto, en cada amabilidad que
compartimos,
Construimos una base, un mundo verdaderamente justo.

En este capítulo de coraje, que nuestros espíritus tomen vuelo,
Con sueños entrelazados, brillaremos a través de la noche.
Porque el legado que fomentamos es un faro tan brillante,
En la resiliencia de la humanidad, nos levantaremos con
deleite.

Y mientras enfrentamos desafíos, con la esperanza como
nuestro
      escudo,
Reunimos nuestra fuerza, negándonos a ceder.
En el baile del mañana, donde la unidad llama,
Nos mantenemos como un testamento, mientras la humanidad
      encanta.

Caminemos hacia adelante, con la resiliencia como
nuestro credo,
En el jardín de la bondad, plantaremos cada semilla.
Porque juntos florecemos, a la luz de nuestros sueños,

En la resiliencia de la humanidad, somos más fuertes de lo que parece.

En la calidez de nuestras reuniones, donde el amor no tiene fin,
Apreciamos cada momento, con cada corazón, sanamos.
Porque el viaje es interminable, y juntos nos levantamos,
En el espíritu de la esperanza, alcanzaremos los cielos.

Que los ecos de nuestra risa resuenen a través de los años,
Mientras construimos un nuevo mundo, borrando todos los miedos.
Porque en el abrazo de la unidad, resistiremos la tormenta,
En la resiliencia de la humanidad, encontramos nuestra nueva forma.

Con cada acto de bondad, plantamos semillas de cambio,
En los corazones de los dispuestos, crecemos y organizamos.
Porque el poder del juntos, en cada lucha que enfrentamos,
Es la esencia de la humanidad,
nuestra característica redentora compartida.

Mientras marchamos hacia el mañana, con valor en nuestro paso,
Llevamos el legado del amor, de pie lado a lado.
En la resiliencia de la humanidad,
nuestros espíritus se elevarán,
Porque juntos, floreceremos, y juntos, rugiremos.

IV

En el gran mosaico tejido con hilos de nuestro destino,
Encontramos fuerza en la conexión, en los lazos que se crean.
Con cada momento que pasa, mientras navegamos,
Cultivamos un jardín donde la esperanza puede renovarse.

La sabiduría de las edades susurrada en la brisa,
Nos guía a través de la oscuridad, instándonos a aprovechar.
En los fuegos de la adversidad, forjamos nuestra resolución,
En la unidad de propósito, nuestros problemas se disuelven.

De los ecos de batallas libradas hace mucho tiempo,
Extraemos inspiración, dejando que nuestro valor crezca.
Con el corazón de un guerrero, nos mantenemos firmes
y altos,
En la resiliencia de la humanidad, respondemos a la llamada.

La belleza de la diversidad, un mosaico tan brillante,
En los colores de la cultura, encontramos puro deleite.
Con cada historia compartida, derribamos los muros,
En la sinfonía de voces, nuestro cautivo espíritu.

Porque somos los soñadores, los guardianes de la llama,
En los ecos de la historia, honramos cada nombre.
En el viaje de la vida, tejemos nuestro destino,
En los ecos del tiempo, encontramos nuestro gran lugar.

A través del lente del mañana, avanzamos hacia el amanecer,
Abrazando nuestras historias, nuestros espíritus renacen.
Porque la resiliencia de la humanidad es un verdadero testimonio,
En el latido de la lucha, nuestra fuerza brillará.

Y mientras avanzamos, con corazones entrelazados,
Que la compasión sea nuestra guía, nuestra visión alineada.
En el abrazo del mundo, donde la unidad canta,
Celebramos juntos, toda la esperanza que trae.

Unidos en propósito, con sueños brillando,
Luchamos por un futuro donde cada corazón pueda volar.
En la sinfonía de la vida, que nuestras voces resuenen,
En el tapiz tejido, juntos estamos unidos.

Porque en cada latido, en cada oración susurrada,
Reside la promesa de esperanza, un mundo que podemos compartir.
En la resiliencia de la humanidad, con valor, nos mantenemos,
Mano a mano, juntos, nutrimos esta tierra.

Levantémonos, con propósito y gracia,
Para honrar nuestro viaje, para apreciar cada espacio.
En la luz de la compasión, donde todos pueden pertenecer,
Cantamos juntos, para siempre nuestra canción.

Mientras las estrellas brillan sobre nosotros,
iluminando nuestro camino,
Abrazamos cada momento, en la luz del día.
Porque el mundo es un lienzo, y nosotros somos el pincel,
En la pintura de futuros, creamos con prisa.

Que el amor sea nuestra ancla, que la justicia nuestra guía,
En la resiliencia de la humanidad, que nuestros
corazones habiten.
Porque en cada pequeño acto, en cada amabilidad que
compartimos,
Construimos una base, un mundo verdaderamente justo.

En este capítulo de coraje, que nuestros espíritus tomen vuelo,
Con sueños entrelazados, brillaremos a través de la noche.
Porque el legado que fomentamos es un faro tan brillante,
En la resiliencia de la humanidad, nos levantaremos con deleite.

Y mientras enfrentamos desafíos,
Con la esperanza como nuestro escudo,
Reunimos nuestra fuerza, negándonos a ceder.
En el baile del mañana, donde la unidad llama,
Nos mantenemos como un testamento,
mientras la humanidad encanta.

Caminemos hacia adelante,
con la resiliencia como nuestro credo,
En el jardín de la bondad, plantaremos cada semilla.
Porque juntos florecemos, a la luz de nuestros sueños,
En la resiliencia de la humanidad,
somos más fuertes de lo que parece.

En la calidez de nuestras reuniones, donde el amor no tiene fin,
Apreciamos cada momento, con cada corazón, sanamos.
Porque el viaje es interminable, y juntos nos levantamos,
En el espíritu de la esperanza, alcanzaremos los cielos.

Que los ecos de nuestra risa resuenen a través de los años,
Mientras construimos un nuevo mundo, borrando todos
los miedos.
Porque en el abrazo de la unidad, resistiremos la tormenta,
En la resiliencia de la humanidad,
encontramos nuestra nueva forma.

Con cada acto de bondad, plantamos semillas de cambio,
En los corazones de los dispuestos, crecemos y organizamos.
Porque el poder del juntos, en cada lucha que enfrentamos,
Es la esencia de la humanidad, nuestra gracia salvadora
compartida.

Mientras marchamos hacia el mañana, con valor en
nuestro paso,
Llevamos el legado del amor, de pie lado a lado.
En la resiliencia de la humanidad, nuestros espíritus se
elevarán,
Porque juntos, floreceremos, y juntos, rugiremos.

Escribamos este capítulo, con tinta hecha de sueños,
En la saga de nuestras vidas,
donde la esperanza brilla intensamente.
En la resiliencia de la humanidad,
encontramos nuestro verdadero núcleo,
Juntos nos levantamos, para siempre y más.

V

En el corazón del momento, donde las posibilidades florecen,
Cultivamos nuestros futuros, disipando la oscuridad.
Con cada paso dado, bailamos sobre la tierra,
En la resiliencia de la humanidad, celebramos el renacimiento.

El poder de la bondad, una fuerza suave y gentil,
Fluye a través de nuestras acciones, trazando un curso.
En la calidez de nuestros gestos, sanamos y restauramos,
Con el amor como nuestro idioma, abrimos cada puerta.

De las luchas que hemos soportado,
nos levantamos con resolución,
Frente a la adversidad, nuestro valor evoluciona.
Con la fuerza de nuestras voces, desafiamos la noche,
En el espíritu de la unidad, defendemos lo que es correcto.

La belleza de compartir, nuestras alegrías y nuestras lágrimas,
En el tapiz de la vida, tejemos a través de los años.
Con cada historia contada, sembramos semillas de cambio,
En el Jardín de la Esperanza, encontramos lo que no es extraño.

Porque somos los soñadores, los guardianes de la llama,
En los ecos de la historia, honramos cada nombre.
En el viaje de la vida, tejemos nuestro destino,
En los ecos del tiempo, encontramos nuestro gran lugar.

A través del lente del mañana, avanzamos hacia el amanecer,
Abrazando nuestras historias, nuestros espíritus renacen.

Porque la resiliencia de la humanidad es un verdadero
testimonio,
En el latido de la lucha, nuestra fuerza brillará.

Y mientras avanzamos, con corazones entrelazados,
Que la compasión sea nuestra guía, nuestra visión alineada.
En el abrazo del mundo, donde la unidad canta,
Celebramos juntos, toda la esperanza que trae.

Unidos en propósito, con sueños brillando,
Luchamos por un futuro donde cada corazón pueda volar.
En la sinfonía de la vida, que nuestras voces resuenen,
En el tapiz tejido, juntos estamos unidos.

Porque en cada latido, en cada oración susurrada,
Reside la promesa de esperanza, un mundo que
podemos compartir.
En la resiliencia de la humanidad, con valor, nos mantenemos,
Mano a mano, juntos, nutrimos esta tierra.

Levantémonos, con propósito y gracia,
Para honrar nuestro viaje, para apreciar cada espacio.
En la luz de la compasión, donde todos pueden pertenecer,
Cantamos juntos, para siempre nuestra canción.

Mientras las estrellas brillan sobre nosotros,
iluminando nuestro camino,
Abrazamos cada momento, en la luz del día.
Porque el mundo es un lienzo, y nosotros somos el pincel,
En la pintura de futuros, creamos con prisa.

Que el amor sea nuestra ancla, que la justicia nuestra guía,
En la resiliencia de la humanidad, que nuestros
corazones habiten.
Porque en cada pequeño acto, en cada amabilidad que
compartimos,
Construimos una base, un mundo verdaderamente justo.

En este capítulo de coraje, que nuestros espíritus tomen
vuelo,
Con sueños entrelazados, brillaremos a través de la noche.
Porque el legado que fomentamos es un faro tan brillante,
En la resiliencia de la humanidad, nos levantaremos con
deleite.

Y mientras enfrentamos desafíos, con la esperanza como
nuestro escudo,
Reunimos nuestra fuerza, negándonos a ceder.
En el baile del mañana, donde la unidad llama,
Nos mantenemos como un testamento, mientras la
humanidad encanta.

Caminemos hacia adelante, con la resiliencia como
nuestro credo,
En el jardín de la bondad, plantaremos cada semilla.
Porque juntos florecemos, a la luz de nuestros sueños,
En la resiliencia de la humanidad, somos más fuertes de
lo que parece.

En la calidez de nuestras reuniones, donde el amor no tiene fin,
Apreciamos cada momento, con cada corazón, sanamos.
Porque el viaje es interminable, y juntos nos levantamos,
En el espíritu de la esperanza, alcanzaremos los cielos.

Que los ecos de nuestra risa resuenen a través de los años,
Mientras construimos un nuevo mundo, borrando todos los miedos.
Porque en el abrazo de la unidad, resistiremos la tormenta,
En la resiliencia de la humanidad, encontramos nuestra nueva forma.

Con cada acto de bondad, plantamos semillas de cambio,
En los corazones de los dispuestos, crecemos y organizamos.
Porque el poder del juntos, en cada lucha que enfrentamos,
Es la esencia de la humanidad, nuestra cualidad redentora compartida.

Mientras marchamos hacia el mañana, con valor en nuestro paso,
Llevamos el legado del amor, de pie lado a lado.
En la resiliencia de la humanidad, nuestros espíritus se elevarán,
Porque juntos, floreceremos, y juntos, rugiremos.

Escribamos este capítulo, con tinta hecha de sueños,
En la saga de nuestras vidas,
donde la esperanza brilla intensamente.
En la resiliencia de la humanidad, encontramos nuestro
verdadero núcleo,
Juntos nos levantamos, para siempre y más.

Mientras reunimos nuestras historias, que resuenen y suenen,
En los corazones de los esperanzados,
que la libertad tome vuelo.
El viaje en el que estamos es una búsqueda compartida y
sagrada,
En la resiliencia de la humanidad,
encontramos nuestro gran descanso.

En el abrazo de nuestros vecinos, en el amor que compartimos,
Construimos un nuevo futuro, con compasión y cuidado.
Porque cada pequeño esfuerzo, cada mano que prestamos,
En la resiliencia de la humanidad, sabemos que
trascenderemos.

EPÍLOGO

Al cerrar las páginas de *Ecos Ancestrales*, nos encontramos en el umbral de la historia, contemplando el rico tapiz tejido por las diversas culturas que florecieron en este vasto continente mucho antes de la llegada del hombre blanco. Cada verso y estrofa ha buscado iluminar la vibrante vida, sabiduría y resiliencia de las civilizaciones indígenas-ecos de una época en la que la tierra estaba viva con historias, rituales y profundas conexiones con la tierra.

En esta colección, hemos viajado a través de paisajes sagrados, desde los imponentes picos de las Rocosas hasta los exuberantes valles del Misisipi, sintiendo el latido de una tierra que nutrió comunidades prósperas. Hemos escuchado a las tribus del norte y a los imperios del norte, del sur y de América Central. Hemos escuchado las voces de poetas que hablaron de amor, pérdida y la eterna danza de la naturaleza, capturando el espíritu de la sabiduría ancestral que aún resuena hoy.

Sin embargo, al pasar la última página, somos muy conscientes de que esto es solo el comienzo. Los próximos volúmenes profundizarán en las luchas profundas que enfrentaron los pueblos indígenas: sus batallas contra la invasión de la civilización, el dolor de las enfermedades, las cadenas de la esclavitud y la implacable marea de la asimilación. Estas narrativas serán testigos del dolor y la pérdida, pero también celebrarán el espíritu indomable de supervivencia y resistencia que ha definido la identidad indígena a lo largo de los siglos.

En estas próximas exploraciones, los invitamos a escuchar atentamente, a oír los susurros de aquellos que vinieron antes que nosotros y a comprender la profundidad de sus experiencias. Los ecos del pasado sirven como un poderoso recordatorio de que la historia no es simplemente una secuencia de eventos, sino una narrativa viva que moldea nuestro presente y futuro. A medida que continuamos este viaje, honremos la resiliencia de los pueblos indígenas y comprometámonos a reconocer sus historias, luchas y triunfos.

Que esta colección inspire un renovado respeto por la tierra y sus Primeros Pueblos, fomentando un diálogo que cierre brechas y honre las conexiones sagradas entre la humanidad y la naturaleza. El viaje está lejos de terminar; es un llamado a recordar, reflexionar y actuar. A medida que avanzamos hacia los próximos volúmenes y más allá, llevemos los ecos de los antiguos en nuestros corazones, asegurándonos de que sus canciones nunca sean olvidadas y que su sabiduría continúe guiándonos hacia un mundo más justo y armonioso.

En los *Ecos Ancestrales*, encontramos nuestro hogar. Por eso, continuaremos esta aventura lírica en cinco volúmenes que desarrollarán la Conquista, la Colonización, los Criollos y Mestizos, la Independencia Política y la Reconciliación. En el primer volumen, nos sumergiremos en los relatos de la Conquista, donde los ecos de las batallas y los susurros de las tierras conquistadas nos transportarán a un tiempo de encuentros y desencuentros, de valentía y tragedia. El segundo volumen nos llevará a la era de la

Colonización, donde las culturas se entrelazan y las raíces se profundizan. Aquí, exploraremos cómo las tradiciones ancestrales se adaptan y sobreviven en un nuevo mundo lleno de desafíos y oportunidades. En el tercer volumen, celebraremos la riqueza de los Criollos y Mestizos, fruto de la mezcla de sangres y culturas. Sus historias nos hablarán de identidad, resistencia y la creación de una nueva sociedad vibrante y diversa. El cuarto volumen nos llevará a los tiempos de la Independencia Política, donde los sueños de libertad y justicia se convierten en gritos de revolución. A través de las voces de los héroes y heroínas, reviviremos la lucha por un futuro soberano. Finalmente, en el quinto volumen, exploraremos el camino hacia la Reconciliación, donde las heridas del pasado encuentran sanación y las comunidades se unen en un espíritu de paz y entendimiento. Aquí, los ecos ancestrales nos guiarán hacia un futuro compartido y armonioso. Esta serie no solo es un viaje a través de la historia, sino una celebración de la resiliencia y la riqueza cultural que define a nuestras tierras.

IVÁN A. SALAZAR M
7 de octubre de 2024

ÍNDICE

Prólogo 13

INTRODUCCIÓN
Susurro de la tierra 17

EL AUGE DE LAS CULTURAS
I   25
II   28
III   33
V   37
VI   41

ECOS DE LAS PIEDRAS Y EL SUELO
I   47
II   49
III   51
IV   54
V   57

CANCIÓN DEL SERPIENTE EMPLUMADA
I   63
II   66
III   68
IV   73
V   76

El Auge de los Aztecas

I 81
II 85
III 88
IV 91
V 93

Susurros de los Andes

I 97
II 106
III 109
IV 112
V 118
VI 120
VII... 122
VIII.. 125

El Auge de los Incas

I 129
II 132
III 134

Reuniones de las Casas Largas

I 139
II 143
III 146
IV 148
V 150

Susurros del Adobe

I 155
II 157
III 159
IV 162
V 165

Canciones de las Mareas Costeras

I 171
II 173
III 176
IV 179

Los Ríos y Lagos Esmeralda

I 185
II 187
III 190
IV 193
V 196

Ecos de la Tierra

I 201
II 204
III 206
IV 208
V 210

El Legado de la Unidad

I 215
II 222
III 225
IV 229
V 234

La Resiliencia de la Humanidad

I 241
II 244
III 248
IV 252
V 256

Epílogo 261